HISTOIRE
POÉTIQUE,

TIRÉE

DES POËTES FRANÇAI

HISTOIRE POÉTIQUE,

TIRÉE

DES POËTES FRANÇAIS,

AVEC UN

DICTIONNAIRE

POÉTIQUE,

PAR DE LA CROIX.

NOUVELLE ÉDITION,

REVUE ET CORRIGÉE.

PARIS,

DE L'IMPRIMERIE D'AUG. DELALAIN,

LIBRAIRE, rue des Mathurins, n°. 5.

1817.

Toutes mes Editions sont revêtues de ma signature.

Auguste Delalain

AVERTISSEMENT.

» J'ai toujours souhaité, dit Mon-
» sieur Rollin, que l'on travaillât à
» une Histoire de la Fable, qui pût
» être mise entre les mains de tout le
» monde, et qui fût faite exprès pour
« les jeunes gens.... On pourroit en
» donner une, renfermée en un seul
» Tome, où l'on rapporteroit les faits
» les plus considérables et les plus
» connus, et qui peuvent le plus con-
» tribuer à l'intelligence des Auteurs.
» Il seroit bon d'éviter ce qui n'a rap-
» port qu'à l'érudition; ce qui ren-
» droit l'étude de la Fable plus dif-
» ficile et moins agréable. Mais avant
» tout, il faudroit écarter, avec une

» sévérité inflexible, tout ce qui pour-
» roit nuire à la pureté des mœurs,
» et n'y laisser non-seulement aucune
» histoire, mais aucune expression qui
» pût blesser, le moins du monde,
» des oreilles chastes et chrétiennes. »
C'est sur ce plan que l'on a travaillé ;
et pour le remplir plus sûrement,
on a puisé *l'utile* dans les meilleures
sources, et *l'agréable* dans les Poëtes
français.

Le langage de la Fable est celui de
la Poésie ; on ne doit point les séparer : c'est même un double service à
rendre aux jeunes gens, que de leur
apprendre à bien connoître la Mythologie, et de meubler leur mémoire
des endroits de nos Poëtes où cette
connoissance est mise en pratique. Ils

ne doivent plus se transporter dans des temps obscurs et incertains, et pénétrer jusqu'aux siècles les plus reculés, pour se former une idée des choses qu'ils apprennent : elles semblent se mettre d'elles-mêmes en action, et se passer sous leurs yeux. Ils connoissent les Auteurs que l'on cite, et vivent, pour ainsi dire, avec eux. Les livres qui traitent de la Fable existoient, pour la plupart, au moment où M. Rollin écrivoit. Il en parle avec éloge, et n'en souhaite pas moins l'ouvrage dont il trace le plan, et qui paroît être exécuté dans ce volume.

On n'avoit pas cru devoir prévenir une observation qui tombe sur le choix des vers, et qui a fait demander :

» Pourquoi ne s'est-on pas imposé la » loi de ne puiser que dans nos meil- » leurs Poëtes » ? Il est facile de répondre à ce reproche, si c'en est un. Nos meilleurs Poëtes n'ont pas traité tous les sujets de la Fable; et, à leur défaut, il a fallu nécessairement avoir recours à d'autres. On n'a pas dit qu'on se proposoit de donner des modèles de poésie, mais « de meubler la » mémoire des endroits de nos Poëtes » où la connoissance de la Mytho- » logie étoit mise en pratique; » ce qui avoit paru suffisant pour excuser un défaut qu'il n'étoit pas possible d'éviter.

HISTOIRE POÉTIQUE,
TIRÉE
DES POËTES FRANÇAIS.

ORIGINE DE LA MYTHOLOGIE.

La Mythologie n'est autre chose que la connoissance de la Fable ou de l'Histoire poétique.

La Fable doit son origine à l'altération de l'Histoire sacrée et profane, à l'erreur, à l'ignorance, au penchant pour le merveilleux, et surtout aux passions, qui, après avoir affoibli l'idée d'un Dieu créateur, ne laissèrent plus juger des choses que par les sens. Bientôt on vit les hommes adorer le Soleil et la Lune, parce qu'aucun autre objet ne leur parut plus digne de fixer le principe de religion gravé dans tous les cœurs par l'Auteur de la nature.

Ce premier égarement fut suivi d'une idolâtrie plus marquée, et, dans un sens, moins excusable. Vers l'an du monde 2700, Ninus, fils de Bélus, empereur des Assyriens, fit élever au milieu de Babylone la statue de son père, et ordonna à tous ses sujets de lui rendre le culte qui est dû à la divinité. A l'exemple des Assyriens, les nations voisines adorèrent ceux de leurs rois, de leurs guerriers, de leurs grands hommes, qui avoient paru s'élever au-dessus de l'humanité. Saturne, Jupiter, Neptune, Hercule, et plusieurs autres, furent mis au rang des dieux, du consentement unanime de tous les peuples.

>Bientôt une foule d'idoles
>Usurpa l'encens des mortels;
>Dieux sans force, ornements frivoles
>De leurs ridicules autels.
>Amoureux de son esclavage,
>Le monde offrit un fol hommage
>Aux monstres les plus odieux :
>L'insecte eut des demeures saintes;
>Et, par ses desirs et ses craintes,
>L'homme aveugle compta ses dieux.
>
>LAMOTTE.

Les Grecs, qui passoient pour les plus sages et les plus savants, apprirent aux autres à mettre de la différence entre les dieux, dont le nombre s'étoit prodigieusement augmenté; et l'on connut alors les dieux du premier ordre, les dieux du second ordre, et les demi-dieux.

Les premiers étoient placés au ciel, ou tenoient le premier rang sur la terre, dans la mer et aux enfers; comme Saturne, Cybèle, Jupiter, Junon, Apollon, Diane, Bacchus, Mercure, Vénus, Mars, Neptune, Amphitrite, Pluton, Proserpine, etc. Les seconds étoient placés sur la terre, dans la mer et aux enfers, mais n'y tenoient qu'un rang très inférieur aux premiers, dont ils dépendoient même, pour la plupart : tels étoient le dieu Pan; les déesses Flore, Palès et Pomone; les Nymphes, les Tritons, etc., et tous les dieux des fleuves, des rivières, des bois, des campagnes, des villes, des carrefours, des rues, des maisons, etc. Les demi-dieux étoient les héros qui descendoient de quelque dieu, soit du côté paternel, soit du côté maternel, ou dont le père ou la mère avoit cet avantage; comme Persée, Hercule, Thésée, Castor et Pollux, Jason, Orphée, Cadmus, Achille, etc.

On rendoit encore les honneurs divins aux vices et aux vertus, que l'on transformoit en dieux ou en déesses : on bâtissoit des temples et l'on faisoit des sacrifices en l'honneur de l'Envie, de la Fraude, de la Calomnie, de la Discorde, de la Fureur, de la Guerre, etc.; de la Fidélité, de la Justice, de la Piété, de la Vérité, de la Liberté, de la Paix, etc.

Les malheurs de la ville de Thèbes, l'expédition des Argonautes ou l'enlèvement de la toison d'or, la guerre de Troie et tous les héros qui s'y sont distingués, forment encore une partie considérable de la Mythologie.

Il est certain que les poëtes ont infiniment contribué à étendre la Fable, à la perfectionner; et qu'Homère pourroit être appelé le père des Dieux, comme celui des poëtes.

 Oui, c'est toi, peintre inestimable,
 Trompette d'Achille et d'Hector,
 Par qui de l'heureux siècle d'or
 L'homme entend le langage aimable;
 Et voit, dans la variété
 Des portraits menteurs de la Fable,
 Les rayons de la vérité.

 Il voit l'Arbitre du tonnerre
 Réglant le sort par ses arrêts :
 Il voit sous les yeux de Cérès
 Croître les trésors de la terre :
 Il reconnoît le Dieu des mers,
 A ces sons qui calment la guerre
 Qu'Eole excitoit dans les airs.

 Si dans un combat homicide
 Le devoir engage ses jours,
 Pallas, volant à son secours,
 Vient le couvrir de son Egide :
 S'il se voue au maintien des lois,
 C'est Thémis qui lui sert de guide,
 Et qui l'assiste en ses emplois.

 Plus heureux si son cœur n'aspire
 Qu'aux douceurs de la liberté,
 Astrée est la divinité
 Qui lui fait chérir son empire :
 S'il s'élève au sacré vallon,
 Son enthousiasme est la lyre
 Qu'il reçoit des mains d'Apollon.

Ainsi consacrant le système
De la sublime fiction,
Homère, nouvel Amphion,
Change, par la vertu suprême
De ses accords doux et savants,
Nos destins, nos passions même,
En êtres réels et vivants.

Ce n'est plus l'homme qui, pour plaire,
Etale ses dons ingénus ;
Ce sont les Graces, c'est Vénus,
Sa divinité tutélaire :
La sagesse qui brille en lui,
C'est Minerve dont l'œil l'éclaire,
Et dont le bras lui sert d'appui.

L'ardente et fougueuse Bellone
Arme son courage aveuglé :
Les frayeurs dont il est troublé,
Sont le flambeau de Tisiphone :
Sa colère est Mars en fureur ;
Et ses remords sont la Gorgone
Dont l'aspect le glace d'horreur.

Rousseau.

C'est au langage de la Fable que la poésie est redevable des qualités qui la distinguent : lui seul l'embellit, l'élève, et lui donne ces charmes propres à orner tous les sujets qu'elle veut traiter :

Là, pour nous enchanter, tout est mis en usage,
Tout prend un corps, une ame, un esprit, un visage,
Chaque vertu devient une divinité :
Minerve est la Prudence, et Vénus la Beauté :

Ce n'est plus la vapeur qui produit le tonnerre,
C'est Jupiter armé pour effrayer la terre ;
Un orage terrible aux yeux des matelots,
C'est Neptune en courroux qui gourmande les flots.
Echo n'est plus un son qui dans l'air retentisse,
C'est une Nymphe en pleurs qui se plaint de Narcisse.
Ainsi, dans cet amas de nobles fictions,
Le poëte s'égaie en mille inventions,
Orne, élève, embellit, agrandit toutes choses,
Et trouve sous sa main des fleurs toujours écloses.
Boileau.

Les Poëtes ne méritent ce titre honorable qu'autant qu'ils suivent les différents sentiers tracés par la Fable : s'ils s'en écartent, ils ne sont plus que de froids versificateurs. Quel agrément, quel intérêt pourroit se trouver dans un sujet dénué des grâces de la Fable, que l'on appelle communément les grâces de la poésie ?

Qu'Enée et ses vaisseaux, par le vent écartés,
Soient aux bords Africains d'un orage emportés,
Ce n'est qu'une aventure ordinaire et commune,
Qu'un coup peu surprenant des traits de la Fortune,
Mais que Junon, constante en son aversion,
Poursuive sur les flots le reste d'Ilion ;
Qu'Eole, en sa faveur, les chassant d'Italie,
Ouvre aux vents mutinés les prisons d'Eolie ;
Que Neptune en courroux, s'élevant sur la mer,
D'un mot calme les flots, mette la paix dans l'air,
Délivre les vaisseaux, des Syrtes les arrache ;
C'est-là ce qui surprend, frappe, saisit, attache.

Sans tous ces ornements, le vers tombe en langueur,
La poésie est morte, ou rampe sans vigueur:
Le poëte n'est plus qu'un orateur timide,
Qu'un froid historien d'une fable insipide.

BOILEAU.

Otez Pan et sa flûte, adieu les pâturages;
Otez Pomone et Flore, adieu les jardinages:
Des roses et des lis le plus superbe éclat,
Sans la Fable, en nos vers n'aura rien que de plat.
. . . .
. . . .
Qu'aura de beau la guerre, à moins qu'on y crayonne
Ici le char de Mars, là celui de Bellone;
Que la victoire vole, et que les grands exploits
Soient portés en tous lieux par la Nymphe à cent
    voix?

PIERRE CORNEILLE.

Tous les sujets ne sont pas susceptibles de ces ornements. Il faut se conformer aux règles qui en prescrivent un usage prudent et modéré. Quand on dit, en général, que les vrais poëtes sont ceux qui ne parlent que le langage de la Fable:

Ce n'est pas que j'approuve en un sujet chrétien,
Un auteur follement idolâtre et payen;
Mais dans une profane et riante peinture,
De n'oser de la Fable employer la figure;
De chasser les Tritons de l'empire des eaux,
D'ôter à Pan sa flûte, aux Parques leurs ciseaux,
D'empêcher que Caron dans la fatale barque,
Ainsi que le berger, ne passe le monarque,
C'est d'un scrupule vain s'alarmer sottement,
Et vouloir aux lecteurs plaire sans agrément.

BOILEAU.

PREMIÈRE PARTIE DE LA FABLE.

Les Dieux du premier ordre.

Tous les Poëtes remontent jusqu'au Chaos, et conviennent que c'étoit une masse informe, dans laquelle le ciel, la terre, la mer et tous les éléments se trouvoient confondus.

> Avant que l'air, les eaux et la lumière,
> Ensevelis dans la masse première,
> Fussent éclos, par un ordre immortel,
> Des vastes flancs de l'abîme éternel,
> Tout n'étoit rien. La nature enchaînée,
> Oisive et morte, avant que d'être née,
> Sans mouvement, sans forme, sans vigueur,
> N'étoit qu'un corps abattu de langueur,
> Un sombre amas de principes stériles,
> De l'existence éléments immobiles.
> Dans ce chaos (ainsi par nos aïeux
> Fut appelé ce désordre odieux),
> En pleine paix sur son trône affermie,
> Régna long-temps la Discorde ennemie,
> Jusques au jour pompeux et florissant,
> Qui donna l'être à l'univers naissant ;
> Quand l'harmonie, architecte du monde,
> Développant dans cette nuit profonde,
> Les éléments pêle-mêle diffus,
> Vint débrouiller leur mélange confus,
> Et variant leurs formes assorties,
> De ce grand tout animer les parties.

Le ciel reçut, en son vaste contour,
Les yeux brillants de la nuit et du jour :
L'air moins subtil assembla les nuages,
Poussa les vents, excita les orages :
L'eau vagabonde en ses flots inconstants
Mit à couvert ses muets habitants :
La terre enfin, cette tendre nourrice,
De tous nos biens sage modératrice,
Inépuisable en principes féconds,
Fut arrondie, et tourna sur ses gonds,
Pour recevoir la céleste influence
Des doux présents que son sein nous dispense.
ROUSSEAU.

De ce Cahos est sorti le Destin, divinité allégorique, représentée tenant sous ses pieds le globe de la terre, et dans ses mains une urne dans laquelle est renfermé le sort des hommes. On croyoit ses arrêts irrévocables. Son pouvoir étoit si grand, que tous les autres Dieux lui étoient subordonnés. On l'appeloit indifféremment le Sort ou le Destin. On prétend encore qu'il avoit un livre où les destinées des hommes étoient écrits.

Le Destin marque ici l'instant de leur naissance,
L'abaissement des uns, des autres la puissance,
Les divers changements attachés à leur sort,
Leurs vices, leurs vertus, leur fortune, et leur mort.
VOLTAIRE.

Quelquefois on représente le Destin dans un temple ou dans un palais fermé par cent portes d'airain, et environné de remparts qui en défendent l'entrée. M. Dorat décrit ainsi le temple du Destin :

> Loin de la sphère où grondent les orages,
> Loin des soleils, par-delà tous les cieux,
> S'est élevé cet édifice affreux
> Qui se soutient sur le gouffre des âges.
> D'un triple airain tous les murs sont couverts,
> Et, sur leurs gonds quand les portes mugissent,
> Du temple alors les bases retentissent ;
> Le bruit pénètre et s'entend aux enfers.
> Les vœux secrets, les prières, la plainte,
> Et notre encens détrempé de nos pleurs,
> Viennent, hélas! comme autant de vapeurs,
> Se dissiper autour de cette enceinte ;
> Là tout est sourd à l'accent des douleurs.
> Multipliés en échos formidables,
> Nos cris en vain montent jusqu'à ce lieu ;
> Ces cris perçants et ces voix lamentables
> N'arrivent point aux oreilles du dieu.
> A ses regards un bronze incorruptible
> Offre en un point l'avenir ramassé.
> L'urne des Sorts est dans sa main terrible :
> L'axe des temps pour lui seul est fixé.
> Sous une voûte où l'acier étincelle,
> Est enfoncé le trône du Destin ;
> Triste barrière et limite éternelle,
> Inaccessible à tout l'effort humain,
> Morne, immobile, et dans soi recueillie,
> C'est de ce lieu que la Nécessité,
> Toujours sévère, et toujours obéie,
> Lève sur nous son sceptre ensanglanté,

Ouvre l'abîme où disparoît la vie,
D'un bras de fer courbe le front des rois,
Tient sous ses pieds la terre assujétie,
Et dit au Temps : « Exécute mes lois ».

Les poëtes enseignent que le Temps est chargé d'exécuter les ordres du Destin :

Le Temps, d'une aile prompte, et d'un vol insen-
   sible,
Fuit, et revient sans cesse à ce palais terrible ;
Et de-là sur la terre il verse à pleines mains
Et les biens et les maux destinés aux humains.
Sur un autel de fer, un livre inexplicable
Contient de l'avenir l'histoire irrévocable.

VOLTAIRE.

LE CIEL.

Le Ciel passoit pour le père et le plus ancien des Dieux. Il fut détrôné par Saturne, l'un de ses fils ; mais il ne perdit rien de son autorité, à en juger par ces vers, où la supériorité de son pouvoir est très bien exprimée. Jupiter parle ainsi aux autres Dieux :

Suivez-moi donc : venez, troupe choisie,
Goûter en paix la céleste ambroisie,
Loin d'une terre importune à nos yeux ;
Et chez le Ciel, père commun des dieux,
Allons chercher dans un plus noble étage
Notre demeure et notre vrai partage.

A ce discours chacun fait éclater
Son allégresse ; et, sans plus consulter,
Tout ce grand chœur, qu'un même zèle anime
A se rejoindre à son auteur sublime,
Part, vole, arrive ; et, semblable à l'éclair,
Ayant franchi les vastes champs de l'air,
Au firmament, demeure pacifique
Du dieu des Cieux, reprend sa place antique.

Le Ciel les voit inclinés devant lui ;
Et d'un souris, garant de son appui,
Rendant le calme à leur ame incertaine :
Je sais, dit-il, quel motif vous amène,
Et je consens à régler entre vous
Le grand partage où vous aspirez tous.
. . . .
En vous donnant de si pompeux domaines,
Ne croyez pas que j'adopte vos haines,
Ni que je veuille, au gré de vos chagrins,
Abandonner la Terre à ses destins.
Aux dieux créés les passions permises
Sont devant moi tremblantes et soumises.
Le Ciel, auteur de tant d'êtres semés,
N'obéit point aux sens qu'il a formés.
ROUSSEAU.

SATURNE.

LE Ciel avoit deux fils, Titan et Saturne. Le premier céda son droit d'aînesse à son frère, à condition qu'il n'éleveroit aucun enfant mâle. Cybèle, épouse de Saturne, affligée de voir dévorer tous les fils qu'elle mettoit au monde, ayant eu d'une seule couche Jupiter et Junon, cacha Jupiter, et ne montra à Saturne que Junon. Titan en fut informé, et déclara la guerre à son frère, qui refusoit de lui rendre l'empire du monde. Saturne fut vaincu et mis aux fers. Jupiter le tira de sa prison, et défit les Titans, qui prétendoient remettre leur père sur le trône.

Saturne est le même que le Temps, divinité allégorique, représentée sous la figure d'un vieillard, avec des attributs propres à marquer la rapidité, la vicissitude du temps, qui détruit tout; comme les ailes, la faulx, le sablier, l'aviron, et le serpent, qui forme un cercle en se mordant la queue :

>Ce vieillard qui, d'un vol agile,
>Fuit sans jamais être arrêté,
>Le Temps, cette image mobile
>De l'immobile éternité,
>A peine du sein des ténèbres,
>Fait éclore les faits célèbres,
>Qu'il les replonge dans la nuit :
>Auteur de tout ce qui doit être,
>Il détruit tout ce qu'il fait naître,
>A mesure qu'il le produit.
>
> ROUSSEAU.

Saturne ayant lu dans le livre du Destin que Jupiter envahiroit son royaume, voulut prévenir ce malheur. Il déclara la guerre à son fils, et lui tendit des embûches où il croyoit le faire périr. Jupiter, après avoir vaincu Saturne, le chassa honteusement du ciel. Le Dieu exilé se réfugia dans cette partie de l'Italie où Rome fut bâtie : il y reçut un bon accueil de la part de Janus, roi de cette contrée, qui fut lui-même honoré dans la suite comme un Dieu. On lui éleva à Rome un temple dont les portes étoient fermées pendant la paix, et ouvertes pendant la guerre. On prétend que Saturne lui donna, par reconnoissance, toutes les vertus d'un bon roi, avec le talent de ne point oublier le passé et de lire dans l'avenir : c'est pourquoi Janus est toujours représenté avec deux visages, et quelquefois avec quatre. On dit encore que Saturne lui enseigna l'agriculture, et la manière de policer les peuples; ce qui fit donner à son règne le nom d'Age d'or.

Avant que de régner dans les cieux pour jamais,
Tu soumis ces climats à ta loi souveraine,
Tu te fis un empire à force de bienfaits.
Dans un profond repos tu commandois sans peine
    A des cœurs satisfaits.
  Ramène un temps si doux, ramène
De ce siècle innocent les tranquilles attraits.

FONTENELLE.

Les quatre Ages ont cependant, chez les poëtes, un rapport plus immédiat au règne de Saturne.

L'Age d'or est le plus célèbre, parce qu'il prête davantage aux charmes de la poésie, et parce qu'il est plus agréable de peindre le bonheur des hommes, que les maux dont ils ont été la proie. Cet Age est proprement le règne de Saturne : on vivoit alors dans l'innocence ; et la terre produisoit d'elle-même, sans avoir besoin d'être cultivée :

> La Terre féconde et parée,
> Marioit l'Automne au Printemps :
> L'ardent Phœbus, le froid Borée,
> Respectoient l'honneur de ses champs :
> Par-tout, les dons brillants de Flore
> Sous ses pas s'empressoient d'éclore,
> Au gré du Zéphyre amoureux :
> Les moissons, inondant les plaines,
> N'étoient, ni le fruit de nos peines,
> Ni le prix tardif de nos vœux.
>
> Mais, pour le bonheur de la vie,
> C'étoit peu que tant de faveurs.
> Trésors bien plus dignes d'envie,
> Les vertus habitoient les cœurs.
> Pères, enfants, époux sensibles,
> Nos devoirs, depuis si pénibles,
> Faisoient nos plaisirs les plus doux ;
> Et l'égalité naturelle,
> Mère de l'amitié fidelle,
> Sous ses lois nous unissoient tous.
>
> LAMOTTE.

L'Age d'argent marque le temps où Saturne, chassé du ciel, se réfugia dans l'Italie, et y enseigna l'agriculture ; la terre devenant moins féconde à proportion que les hommes s'écartoient de leur première innocence :

> Pourquoi fuis-tu, chère innocence ?
> Quel destin t'enlève aux mortels ?
> Avec la paix et l'abondance,
> Disparoissent les saints autels :
> Déjà Phœbus brûle la terre :
> Borée à son tour la resserre :
> Son sein épuise nos travaux :
> Sourde, à nos vœux, qu'elle dédaigne,
> Il faut que le soc la contraigne
> De livrer ses biens à la faulx.
> LAMOTTE.

L'Age d'airain est le temps qui suivit le règne de Saturne : les hommes, devenus méchants, virent tous les vices remplacer leurs vertus :

> Aux cris de l'audace rebelle
> Accourt la Guerre au front d'airain ;
> La rage en ses yeux étincelle,
> Et le fer brille dans sa main :
> Par le faux honneur qui la guide,
> Bientôt, dans son art parricide
> S'instruisent les peuples entiers ;
> Dans le sang on cherche la gloire !
> Et, sous le beau nom de Victoire,
> Le meurtre usurpe des lauriers.
> LAMOTTE.

L'Age de fer est le temps où la terre, souillée par les crimes, ne produisoit plus rien :

Fureur, trahison mercenaire,
L'or vous enfante ; j'en frémis !
Le frère meurt des coups du frère,
Le père, de la main du fils !
L'honneur fuit, l'intérêt l'immole !
Des lois que par-tout l'on viole,
Il vend le silence, ou l'appui :
Et le crime seroit paisible,
Sans le remords incorruptible
Qui s'élève encor contre lui.
LAMOTTE.

Les poëtes feignent que, pendant l'Age d'or, tous les Dieux habitoient la terre, et contribuoient à rendre les hommes heureux, en leur donnant des exemples de vertus :

Pendant la courte durée
De cet Age radieux,
Qui vit la terre honorée
De la présence des Dieux,
L'homme instruit par l'habitude,
Marchant avec certitude
Dans leurs sentiers lumineux,
Imitoit sans autre étude,
Ce qu'il admiroit en eux.
ROUSSEAU.

Quelque brillantes que soient les peintures de l'Age d'or, on sent qu'elles ne sont que d'agréables mensonges :

Mais sous tes saintes lois, croirai-je,
Que l'homme ait eu le privilége,

De fixer jadis ses plaisirs ?
Ou ce règne si favorable
N'est qu'un phantôme agréable,
Né de nos impuissants desirs ?

LAMOTTE.

CIBÈLE.

Cybèle, épouse du Ciel, mère de Saturne, étoit la déesse de la terre, et la mère de tous les Dieux ; c'est pourquoi on l'appelle la grande mère. On lui attribue la fécondité de la terre :

J'y vois de toutes parts, prodigue en ses largesses,
Cybèle à pleines mains répandre ses richesses ;
De ses bienfaits nouveaux ces arbres sont parés,
D'une herbe verdoyante elle couvre nos prés.

ROUSSEAU.

On la représente avec un disque et une clé à la main, un habit parsemé de fleurs, une couronne composée de tours, et montée sur un char traîné par des lions.

Il ne faut point la confondre avec une autre Cybèle, fille du Ciel et de la Terre, épouse de Saturne, et plus connue sous le nom de Rhée ou de Vesta :

Les humains vertueux, sous le sceptre de Rhée,
Virent du siècle d'or la trop courte durée.

GRESSET.

On suppose que cette seconde Cybèle régna sur la terre avec Saturne; et on lui attribue souvent le bonheur dont les hommes jouissoient pendant l'Age d'or :

>Et si l'aimable Cybèle
>Sur cette terre infidèle
>Daignoit redescendre encor,
>Pour faire vivre avec elle
>Les vertus de l'Age d'or.
>
> Rousseau.

Numa Pompilius, second roi des Romains, avoit consacré à Cybèle, sous le nom de Vesta, un feu perpétuel, dont le soin étoit confié à de jeunes vierges appelées Vestales. On ne pouvoit rallumer ce feu qu'avec celui du ciel, ou avec les rayons du soleil : s'il s'éteignoit par la faute des Vestales, elles étoient condamnées à être enterrées vives. Elles avoient à Rome de très beaux priviléges, et on leur rendoit de grands honneurs. On les choisissoit ordinairement parmi les familles les plus distinguées.

JUPITER.

Jupiter, fils de Saturne et de Cybèle, étoit appelé le Père des Dieux et des hommes. Il fut élevé secrètement, dans l'île de Crète, par les Corybantes, qui dansoient en frappant sur des bassins d'airain, pour empêcher que Saturne n'entendît les cris de cet enfant. Il fut alaité par la chèvre Amalthée, qu'il changea dans la suite en constellation, et la plaça au ciel. Les Nymphes qui avoient pris soin de son enfance eurent une des cornes de cette chèvre : elle leur produisoit tout ce qu'elles vouloient. C'est ce que l'on appelle la Corne d'Abondance.

Aussitôt que Jupiter fut en âge de se signaler, il remit son père sur le trône, l'en chassa peu de temps après, et se rendit maître du ciel et de la terre. Il épousa Junon sa sœur ; partagea avec ses frères l'empire du Monde, donna celui des Eaux à Neptune, celui des Enfers à Pluton, et se réserva celui du Ciel, avec un droit sur tout l'Univers.

> Les Dieux ont partagé le monde,
> Et leur pouvoir est différent :
> Mais ton vaste empire comprend
> Les cieux, l'enfer, la terre et l'onde,
> Les dieux ont partagé le monde,
> Mais tu réunis tout sous un pouvoir plus grand.
>
> FONTENELLE.

Les Titans, ou les Géants, fils de la Terre et de Titan, entreprirent de rétablir leur père sur le trône, et d'en chasser Jupiter. Ils s'assemblèrent dans les champs de Thessalie, où ils mirent plusieurs montagnes les unes sur les autres, afin d'escalader le ciel :

> Comme la rebellion,
> Dont la fameuse folie
> Fit voir à la Thessalie
> Olympe sur Pélion.
>
> MALHERBE.

Les plus célèbres de ces Géants étoient Egéon ou Briarée. Il avoit cent bras et cinquante têtes. Encelade lançoit de gros rochers: Typhus, Typhoé, ou Typhon, étoit d'une taille énorme. Othus et Ephialtes, nommés communément les Aloïdes, remplaçoient leur père Aloëus, qui étoit trop vieux pour avoir part à l'entreprise. Dans leur enfance, ils croissoient de neuf pouces chaque mois:

> Les Titans furieux
> Menacent les voûtes des cieux:
> Ils entassent des monts la masse épouvantable.
> Déjà leur foule impitoyable
> Approche de ces lieux.
>
> VOLTAIRE.

> Déjà de tous côtés s'avançoient les approches:
> Ici couroit Mimas; là Typhon se battoit;
> Et là suoit Euryre à détacher les roches
> Qu'Encelade jetoit.
>
> MALHERBE.

Tous les Dieux effrayés quittèrent le ciel, excepté Bacchus, et se sauvèrent en Egypte, où ils prirent, pour se cacher, différentes formes d'animaux, d'arbres et de plantes. Les Egyptiens prétendoient sans doute, par ce trait de fable dont ils sont les inventeurs, justifier la stupide confiance avec laquelle ils adoroient jusqu'aux légumes qui croissoient dans leurs jardins.

Jupiter, qui s'étoit déjà rendu maître du tonnerre, foudroya les Titans, et les écrasa sous les montagnes qu'ils avoient rassemblées, et qui retombèrent sur eux.

> Le haut Olympe en ses antres humides,
> Vit bouillonner le sang des Aloïdes :
> Sous Pélion Mimas fut abîmé ;
> Et dans le creux de son gouffre enflammé,
> Le mont voisin de l'amante d'Alphée,
> Mugit encor des soupirs de Typhée.
>
> ROUSSEAU.

L'Olympe, le mont Ossa, et Pélion, qui sont dans la Thessalie, furent les montagnes principales dont les Titans se servirent pour escalader le ciel. Les poëtes ont prétendu que Typhoé étoit enseveli sous l'Etna, montagne de Sicile, qui vomit des tourbillons de feu et de matières enflammées :

> Typhé, enchaîné dans ce gouffre
> D'où partent la flamme et le soufre
> Que vomit l'effroyable Ethna,
> Jadis, de sa prison profonde,
> Donna des secousses au monde,
> Dont le Dieu des morts s'étonna.
>
> LAMOTTE.

Quinault célèbre ainsi la victoire de Jupiter sur les Géants :

Ils sont ensevelis sous la masse pesante
Des monts qu'ils entassoient pour attaquer les cieux :
Nous avons vu tomber leur chef audacieux
    Sous une montagne brûlante ;
Jupiter l'a contraint de vomir à nos yeux
  Les restes enflammés de sa rage mourante.
    Jupiter est victorieux,
Et tout cède à l'effort de sa main foudroyante.

Jupiter, n'ayant plus d'ennemis à combattre, s'occupa du soin de créer des hommes. Prométhée, fils de Japet et de Climène, voulant imiter le plus grand des Dieux, fit des statues de terre, et, pour les animer, monta au ciel par le secours de Pallas, et vola du feu au char du Soleil :

Faisons de leur repos rougir les Immortels.
  Du feu des cieux je me suis rendu maître,
    C'est par moi que l'homme va naître,
  C'est à moi seul qu'il devra des autels.
    Esprits soumis à mon empire,
Que ce peuple impuissant s'anime par vos feux,
    Qu'aujourd'hui l'argile respire,
  Soyez aussi prompts que mes vœux.
LAMOTTE.

Jupiter, pour punir cette orgueilleuse audace, ordonna à Vulcain d'enchaîner Prométhée sur le mont Caucase, où un vautour mangeroit son foie, qui renaîtroit toujours, pour éterniser ce tourment. Dans la suite des temps, Hercule tua le vautour, et détacha du rocher Prométhée.

Les Dieux, indignés que Jupiter prétendît seul avoir le droit de créer des hommes, firent fabriquer, par Vulcain, une femme, qu'ils appelèrent Pandore; et, pour la rendre parfaite, chacun lui fit son présent. Vénus lui donna la beauté; Pallas, la sagesse; Mercure, l'éloquence, etc. Jupiter, feignant de vouloir aussi combler Pandore de ses dons, lui fit présent d'une boîte, avec ordre de la porter à Epiméthée, frère de Prométhée. Cette boîte fut ouverte; et tous les maux, qui y étoient renfermés, se répandirent sur la terre:

> Ignores-tu donc encore
> Que tous les fléaux tirés
> De la boîte de Pandore,
> Se sont du monde emparés?
> Que l'ordre de la nature
> Soumet la pourpre et la bure
> Aux mêmes sujets de pleurs?
> Et que, tout fiers que nous sommes,
> Nous naissons tous foibles hommes,
> Tributaires des douleurs?
> ROUSSEAU.

L'Espérance seule resta au fond de cette boîte, devenue célèbre sous le nom de la Boîte de Pandore. Rousseau a renfermé dans ces vers tout ce que l'on peut dire et savoir de mieux sur ce sujet:

D'où peut venir ce mélange adultère
D'adversités, dont l'influence altère
Les plus beaux dons de la terre et des cieux ?
L'antiquité nous mit devant les yeux
De ce torrent la source emblématique,
En nous peignant cette femme mystique,
Fille des dieux, chef-d'œuvre de Vulcain,
A qui le ciel, prodiguant par leur main
Tous les présents dont l'Olympe s'honore,
Fit mériter le beau nom de Pandore.
L'urne fatale, où les afflictions,
Les durs travaux, les malédictions,
Jusqu'à ces temps des humains ignorés,
Avoient été par les dieux resserrés,
Pour le malheur des mortels douloureux,
Fut confiée à des soins dangereux.
Fatal desir de voir et de connoître !
Elle l'ouvrit ; et la terre en vit naître,
Dans un instant, tous les fléaux divers
Qui depuis lors inondent l'univers.
Quelle que soit, ou vraie, ou figurée,
De ce revers l'histoire aventurée,
N'en doutons point, la curiosité
Fut le canal de notre adversité.

ROUSSEAU.

Les métamorphoses de Jupiter sont souvent célébrées par les poëtes. Il se changea en satyre pour surprendre Antiope, dont il eut Zéthus et Amphion ; en pluie d'or, pour pénétrer dans la tour d'airain où étoit enfermée Danaé, fille d'Acris, roi d'Argos, qui fut la mère de Persée :

Dans cette tour inaccessible
Où tu sus t'introduire en or;
Si tu vis Danaé sensible,
Tu ne fus pas heureux encor.
LAMOTTE.

Jupiter se métamorphosa en taureau pour enlever Europe, fille d'Agénor, roi de Phénicie, et sœur de Cadmus ; passa la mer à la nage, en portant cette princesse sur son dos, et la conduisit dans cette partie de l'univers à laquelle elle donna son nom :

Par quel enchantement
Ce fier taureau fend-il le sein de l'onde?
Ah! malgré son déguisement
L'on connoît le maître du monde.
LA GRANGE-CHANCEL.

Il prit la figure d'un cygne pour tromper Léda, épouse de Tyndare, roi d'AEbalie, et mère de Castor, de Pollux, d'Hélène et de Clytemnestre, que l'on appelle souvent les Tyndarides :

Satyre, aigle, serpent, cygne aux brillantes ailes,
Ou taureau traversant les flots :
Cent fois il a daigné, sous cent formes nouvelles,
Peupler le monde de héros.
LAMOTTE.

Sous la forme d'un aigle, il enleva Ganimède, fils de Tros, roi de Troie, et le porta au ciel, pour en faire son échanson, à la place d'Hébé, fille de Junon, et déesse de la Jeunesse, qui fut privée de la charge de verser le nectar, parce qu'elle s'étoit laissée tomber, et avoit fait rire tous les Dieux. Il n'y avoit point au ciel d'autre table que celle de Jupiter : on y servoit l'ambroisie, mets exquis, dont il suffisoit de goûter une fois pour devenir immortel ; et le nectar, boisson ordinaire des Dieux, dont la privation étoit leur plus grand supplice. Lamotte dit, en parlant aux Graces :

> Malgré l'appareil délectable,
> Jusques à la céleste table
> L'ennui s'introduiroit sans vous ;
> Au goût de la troupe choisie,
> Vous assaisonnez l'ambroisie,
> Et rendez le nectar plus doux.

Jupiter prit la forme de Diane pour tromper Calysto, l'une des nymphes de cette déesse. Il en eut Arcas ; Junon le changea en ours avec Calysto. Jupiter les plaça au ciel : on les appelle la grande Ourse, et Bootes, ou la petite Ourse. Alcmène fut aussi trompée par Jupiter, qui avoit pris la figure d'Amphitrion son époux :

> Passe encore de le voir de ce sublime étage,
> Dans celui des hommes venir,
> . . . .
> . . . .
> Si, dans les changements où son humeur l'engage,
> A la nature humaine il s'en vouloit tenir :

Mais de voir Jupiter taureau,
Serpent, cygne, ou quelqu'autre chose ;
Je ne trouve point cela beau,
Et ne m'étonne pas si par fois on en cause.
MOLIÈRE.

Les poëtes n'en attribuent pas moins à Jupiter les idées sublimes qui conviennent à une divinité suprême. Tantôt ils le regardent comme le maître absolu de l'univers ; et tantôt ils lui donnent une puissance souveraine, même sur tous les autres Dieux :

Et Jupiter assis sur le trône des airs,
Ce dieu qui d'un clin d'œil ébranle l'univers,
Et dont les autres dieux ne sont que l'humble
    escorte,
Leur imposa silence, et parla de la sorte.
ROUSSEAU.

Muses ! donnez au maître du tonnerre
    Le premier rang dans vos nobles chansons,
Il est tout, il remplit les cieux, l'onde, la terre,
    Il dispense à nos champs les jours et les moissons.
GRESSET.

Jupiter est ordinairement représenté la foudre à la main, et porté sur un aigle. Le chêne lui étoit consacré, parce qu'il avoit appris aux hommes à se nourrir de gland. Les Egyptiens l'appeloient *Jupiter Ammon*, et l'adoroient sous la forme d'un bélier, prétendant qu'il avoit pris cette figure pour combattre les géants. Ses noms varioient avec ceux des lieux où on lui rendoit un culte plus particulier. On le nommoit communément le père et le roi des hommes et des Dieux, le souverain de l'univers, le maître du tonnerre, etc. On disoit qu'il demeuroit avec toute sa cour sur le sommet de l'Olympe, montagne célèbre, placée entre la Thessalie et la Macédoine : de-là vient que les poëtes appellent le ciel l'Olympe, quand ils le considèrent comme la demeure des Dieux.

JUNON.

Junon, fille de Saturne et de Cybèle, sœur et épouse de Jupiter, étoit la reine des Dieux, et la déesse qui présidoit aux royaumes. Elle eut trois enfants, Hébé, déesse de la Jeunesse; Mars, dieu de la Guerre, et Vulcain, que Jupiter précipita du ciel, à cause de sa difformité. Junon étoit d'un caractère impérieux, jaloux et vindicatif. S'étant brouillée avec Jupiter, elle se retira dans l'île de Samos, où on lui rendit, dans la suite, un culte particulier; ce qui la fit appeler Samienne. Jupiter ordonna de conduire à Samos un char sur lequel étoit une statue parée magnifiquement, et de crier à haute voix que c'étoit Platée, fille d'Asope, qu'il alloit épouser. Junon sortit en fureur, et brisa la statue. Voyant que c'étoit un jeu, elle en prit occasion de se raccommoder avec son époux; mais sa jalousie ne fit qu'augmenter. Elle chargea Argus d'observer toutes les démarches de Jupiter, et de lui en rendre compte. Elle lui confia la garde d'Io, fille d'Inachus, roi de la Carie :

> Dans ce solitaire séjour
> Vous êtes sous ma garde, et Junon vous y laisse;
> Mes yeux veilleront tour-à-tour
> Et vous observeront sans cesse.
> QUINAULT.

Cet espion avoit cent yeux, dont cinquante étoient toujours ouverts, quand les cinquante autres dormoient. Mercure vint à bout de l'endormir au son de la flûte et le tua, pour délivrer Jupiter d'un surveillant si incommode. Junon métamorphosa Argus en paon, et prit cet oiseau sous sa protection. Ces vers caractérisent bien l'orgueil de cette déesse impérieuse :

> Moi, l'épouse et la sœur du maître du tonnerre !
> Moi, la reine des dieux, du ciel et de la terre !
> Ah! périsse ma gloire; et faisons voir à tous,
> Que ces dieux si puissants ne sont rien près de nous.
> Qu'ils viennent à mes dons comparer leurs largesses ;
> Je veux lui prodiguer mes grandeurs, mes richesses :
> Je veux que son pouvoir dans les terrestres lieux,
> Soit égal au pouvoir de Junon dans les cieux.
> ROUSSEAU.

Sa vengeance fut toujours implacable. Elle ne cessa point de persécuter Hercule. Jamais elle ne pardonna à Pâris, fils de Priam, roi de Troie, de ne lui avoir par donné la pomme d'or, sur le mont Ida, lorsqu'elle disputa le prix de la beauté avec Vénus et Pallas. Son ressentiment fut même une des causes principales de la ruine de Troie. Lysipe, Ipponoé et Cyrianesse, filles de Prétus et de Sténobée, se vantèrent d'être plus belles que Junon. Aussitôt la déesse les frappa d'un genre de folie qui leur fit croire qu'elles étoient changées en vaches :

> Des filles de Prétus les fureurs sont connues :
> Leurs vains mugissements insultèrent les nues,
> Mais leur délire ardent, leurs stupides fureurs
> N'ont jamais de la Crète égalé les horreurs.
>
> Gresset.

Junon présidoit aux mariages; on l'invoquoit alors par des vœux, et on lui faisoit de grands sacrifices :

> O toi qui de l'hymen défend les sacrés nœuds,
>   O Junon ! puissante déesse !
> Reçois notre encens et nos vœux,
> Et que jusqu'à ton trône ils s'élèvent sans cesse.
>
> Lamotte.

Elle présidoit aussi aux accouchements ; et alors on l'invoquoit sous le nom de Lucine :

> Hâtez-vous, ô chaste Lucine,
> Jamais plus illustre origine
> Ne fut digne de vos faveurs.
>
> ROUSSEAU.

Junon est représentée superbement vêtue, montée sur un char traîné par deux paons, ou assise tenant un sceptre à la main, et toujours un paon placé auprès d'elle. Quelquefois on y ajoute un arc-en-ciel, parce que Junon aima tendrement Iris, qui étoit sa messagère, comme Mercure étoit le messager de Jupiter :

> En ce moment, Iris, plus vite que Borée,
> Messagère des dieux, fen I la plaine azurée.
>
> LAMOTTE.

Junon, voulant la récompenser de ce qu'elle lui annonçoit toujours d'heureuses nouvelles, la changea en arc, et la plaça au ciel : c'est ce que nous appelons l'arc-en-ciel, et quelquefois l'Iris.

APOLLON.

APOLLON, fils de Jupiter et de Latone, frère de Diane, naquit dans l'île de Délos, que Neptune fit sortir des eaux, et rendit stable, sans égard pour Junon, qui persécutoit Latone, au point de ne lui laisser aucun endroit sur la terre où elle pût s'arrêter. Esculape, fils d'Apollon, et dieu de la Médecine, qu'il avoit apprise du Centaure Chiron, ayant rendu la vie à Hippolyte, fils de Thésée, fut foudroyé par Jupiter. Apollon vengea la mort de son fils, en tuant les Cyclopes qui avoient fourni des foudres à Jupiter : cette action le fit chasser du ciel. Il se retira chez Admète, roi de la Thessalie, dont il garda les troupeaux ; ce qui l'a fait honorer comme le Dieu des bergers. Cette contrée devint un séjour délicieux, par les soins qu'Apollon prenoit de former les mœurs de ses habitants, qui menoient tous une vie champêtre :

> Ainsi, tant que d'Admète il fut l'heureux pasteur
> Des champs Thessaliens il fit tout le bonheur.
> LAMOTTE.

En jouant au palet avec son ami Hyacinthe, il eut le malheur de le tuer. Il le métamorphosa en une fleur qui porte le même nom, et regretta long-temps cet ami fidèle :

> Du souverain des vers tels étoient les accords,
> Quand l'heureux Eurotas, arrêté sur les bords,
> Instruisit les échos à redire la plainte
> Que Phébus adressoit à l'ombre d'Hyacinthe.
> GRESSET.

Contraint de se soustraire aux poursuites des parents d'Hyacinthe, il se retira dans la

Troade, où il rencontra Neptune, que Jupiter avoit aussi privé de la divinité pour quelque temps. Ils allèrent ensemble offrir leurs services à Laomédon, qui bâtissoit la ville de Troie. Ce roi ayant refusé de remplir les conditions dont il étoit convenu, Neptune s'en vengea en inondant les travaux, et Apollon en ravageant le pays par la peste. Cependant Jupiter, oubliant son ressentiment, rappela au ciel Apollon, et lui confia le soin d'éclairer le monde. En cette qualité, il porte le nom de Phébus, ou de père du jour, et on le représente conduisant le char du Soleil, qui est tiré par quatre chevaux fougueux, dont voici les noms : Ethon, Pyroïs, Eoüs et Phlégon :

O dieu de la clarté ! vous réglez la mesure
    Des jours, des saisons et des ans.
C'est vous qui produisez dans les fertiles champs
    Les fruits, les fleurs et la verdure ;
        Et toute la nature
    N'est riche que de vos présents.
    La nuit, l'horreur et l'épouvante
S'emparent du séjour que vous abandonnez ;
    Tout brille, tout rit, tout enchante
    Dans les lieux où vous revenez.
QUINAULT.

Ephatus, fils de Jupiter et d'Io, jouant un jour avec Phaéton, eut une querelle avec lui ; et, pour l'humilier, il lui contesta sa naissance. Phaéton lui répondit :

Vos yeux sont fermés par l'envie ;
Malgré vous, ils seront ouverts ;
J'espère que le dieu qui m'a donné la vie,
M'avouera pour son fils aux yeux de l'univers.

QUINAULT.

Plein d'impatience de l'emporter sur son rival, il va trouver Climène sa mère, qui le confirme dans son projet :

Mon dessein sera beau, dussé-je y succomber,
Quelle gloire si je l'achève !
Il est beau qu'un mortel jusques aux cieux s'élève,
Il est beau même d'en tomber.

QUINAULT.

En conséquence de cette résolution téméraire, Phaëton monte au palais du Soleil, par le secours de Minerve. Apollon, apercevant son fils, se dépouille de ses rayons, et jure, par le Styx, de lui accorder tout ce qu'il demandera, comme un gage de la tendresse paternelle. Phaëton demande et obtient la grâce de conduire le char du Soleil pendant un jour. A peine est-il sur l'horison, que les chevaux, ne reconnoissant point la main qui les conduisoit ordinairement, prennent le mors aux dents. Tantôt le Soleil embrase le ciel; tantôt il s'approche si près de la terre, qu'il lui fait craindre une combustion prochaine :

Roi des dieux! armez-vous ; il n'est plus temps d'attendre :
> Tout l'empire qui suit vos lois
Bientôt ne sera plus qu'un vain monceau de cendre ;
Les fleuves vont tarir ; les villes et les bois,
Les monts les plus glacés, tout s'embrase à la fois ;
> Les cieux ne peuvent s'en défendre....

QUINAULT.

Jupiter, supris de ce désordre, foudroie Phaéton, et le précipite dans le Pô, fleuve d'Italie, que les poëtes appellent communément l'Eridan. Climène auroit dû prévenir le malheur de son fils, que Protée lui avoit prédit :

> Le sort de Phaéton se découvre à mes yeux.
> Dieux ! je frémis ! que vois-je ! ô dieux !
> Tremblez pour votre fils, ambitieuse mère !
> Où vas-tu, jeune téméraire ?
> Tu dois trouver la mort dans la gloire où tu cours.
> En vain le dieu qui nous éclaire,
> En pâlissant pour toi, se déclare ton père :
> Il doit servir à terminer tes jours.

QUINAULT.

Cygnus, ami de Phaéton, fut si touché de cette mort, que Jupiter le métamorphosa en cygne. Lampétuse, Lampétie et Phaétuse, appelées communément les Héliades, pleurèrent la mort de Phaéton leur frère avec tant de sincérité, que, pour les récompenser, Jupiter les changea en peuplier, et leurs larmes en ambre.

Apollon est plus particulièrement honoré comme le Dieu de la poésie, de la musique et des beaux-arts. On le représente sous la figure d'un jeune homme; une longue chevelure blonde lui couvre les épaules : il porte une couronne de laurier sur la tête, tient une lyre à la main; et auprès de lui sont tous les instruments propres à désigner les arts. Il est le Dieu des poëtes : lui seul les inspire ; et l'enthousiasme poétique n'est autre chose que la vertu qu'inspire sa présence :

> Mais quel souffle divin m'enflâme ;
> D'où naît cette soudaine horreur ?
> Un dieu vient échauffer mon ame
> D'une prophétique fureur.
> Loin d'ici, profane vulgaire,
> Apollon m'inspire et m'éclaire ;
> C'est lui, je le vois, je le sens.
> Mon cœur cède à sa violence :
> Mortels, respectez sa présence,
> Prêtez l'oreille à mes accents.
>
> ROUSSEAU.

Le Dieu de la poésie est en même temps le chef ou le maître des Muses, avec lesquelles il habite le Mont sacré : cette demeure est appelée le Parnasse, l'Hélicon, le Piérius ou le Pinde, parce que toutes ces montagnes sont consacrées à Apollon et aux Muses. On l'appelle encore le sacré Vallon, et on dit que les poëtes viennent y rêver, s'y promener, y implorer les secours dont ils ont besoin pour réussir. Ce vallon est arrosé par le Permesse, fleuve qui prend sa source au mont Hélicon; par les eaux de Castalie, qui étoit une nymphe qu'Apollon métamorphosa en fontaine, et par l'Hippocrène, fontaine plus merveilleuse encore, que Pégase fit saillir d'un coup de pied. Toutes ces eaux ont la vertu d'inspirer le génie de la poésie à ceux qui en boivent :

Je fréquentois alors les sources d'Hippocrène,
D'où, selon mes desirs, les vers couloient sans peine :
Eloigné, dès long-temps, de ces bords enchantés,
J'ai presque du Permesse oublié les beautés ;
Et l'Hélicon, jadis mon séjour ordinaire,
Aujourd'hui me paroît une terre étrangère.
CAMPISTRON.

Pégase est un cheval ailé, qui naquit du sang de Méduse, lorsque Persée coupa la tête à cette Gorgone. On dit communément qu'Apollon et les Muses permettent aux bons poëtes de se servir de Pégase, comme d'un cheval à leurs ordres. Lamotte a tracé dans ces vers le tableau de tout ce qu'on vient de dire :

> Quelle est cette fureur soudaine !
> Le mont sacré m'est dévoilé,
> Et je vois jaillir l'Hippocrène
> Sous le pied du cheval ailé.

Un dieu, car j'en crois cette flâme
Que son aspect verse en mon ame,
Dicte des lois aux chastes sœurs ;
L'immortel laurier le couronne,
Et sous ses doigts savants résonne
Sa lyre, maîtresse des cœurs.

Apollon étoit encore le Dieu des oracles. On alloit le consulter à Delphes, ville de la Phocide, qui passoit pour être le milieu de la terre; à Délos, île de la mer Egée, lieu de la naissance d'Apollon et de Diane ; à Claras, ville d'Ionie; à Ténédos, île de la mer Egée; à Cyrrha, ville de la Phocide, située au pied du Parnasse; à Patare, et dans une infinité d'autres lieux où on avoit consacré des temples en l'honneur d'Apollon. Les oracles de Delphes étoient les plus célèbres. La prêtresse qui les rendoit s'appeloit Pythonisse, parce que le trépied sacré, sur lequel elle se plaçoit, étoit couvert de la peau de Python, serpent horrible, né du limon de la terre, après le déluge de Deucalion, et qu'Apollon tua, parce qu'il désoloit les campagnes :

> Chez les filles de mémoire
> Allez apprendre l'histoire
> De ce serpent abhorré,
> Dont l'haleine détestée
> De sa vapeur empestée.
> Souilla leur séjour sacré.

> Lorsque la terrestre masse
> Du déluge eut bu les eaux,
> Il effraya le Parnasse
> Par des prodiges nouveaux.
> Le ciel vit ce monstre impie,
> Né de la fange croupie
> Au pied du mont Pélion,
> Souffler son infecte rage
> Contre le naissant ouvrage
> Des mains de Deucalion.
>
> Mais le bras sûr et terrible
> Du Dieu qui donne le jour,
> Lava dans son sang horrible
> L'honneur du docte séjour.
> Bientôt de la Thessalie,
> Par sa dépouille ennoblie,
> Les champs en furent baignés;
> Et du Céphise rapide
> Son corps affreux et livide
> Grossit les flots indignés.
>
> ROUSSEAU.

Dans les autres temples, c'étoient des prêtres ou des prêtresses qui rendoient les oracles; ils se plaçoient sur un trépied, invoquoient Apollon par des hurlements horribles; ils entroient en fureur, et donnoient leurs réponses en vers, d'une voix que l'on avoit souvent peine à entendre : rarement ils les écrivoient :

> Ou tel que d'Apollon le ministre terrible,
> Impatient du Dieu dont le souffle invincible

POÉTIQUE.

Agite tous ses sens,
Le regard furieux, la tête échevelée,
Du temple fait mugir la demeure ébranlée
Par ses cris impuissants.

ROUSSEAU.

Il y avoit auprès de Dodone, ville d'Epire, une forêt consacrée à Jupiter, dont les arbres rendoient des oracles; on l'appeloit la forêt de Dodone :

Arbres sacrés, rameaux mystérieux,
Trônes célèbres, par qui l'avenir se révèle,
Temple que la nature élève jusqu'aux cieux,
A qui le printemps donne une beauté nouvelle,
Chênes divins, parlez tous;
Dodone, répondez-nous.

LAMOTTE.

Daphné, fille du fleuve Pénée, évitant les poursuites d'Apollon, fut métamorphosée en laurier. Ce Dieu s'en fit une couronne qu'il porta toujours, et voulut que le laurier lui fût consacré, qu'il servît de prix aux talents, et fût la récompense des poëtes :

Aux plus savants auteurs, comme aux plus grands
    guerriers,
Apollon ne promet qu'un nom, et des lauriers.

BOILEAU.

Le satyre Marsyas, enflé des succès qu'il avoit eus en mettant en musique les hymnes composés en l'honneur des Dieux, osa défier

Apollon, et prétendit chanter mieux que lui. Apollon l'écorcha vif, et le changea en un fleuve de sang. Il donna des oreilles d'âne à Midas, roi de Phrygie, qui avoit décidé en faveur de Marsyas. Ce n'étoit point la première fois que ce prince étoit la dupe de son ignorance. Il avoit demandé à Bacchus que tout ce qu'il toucheroit se changeât en or. Il s'en repentit bientôt; car il ne pouvoit toucher aucun aliment, sans le changer en or.

LES MUSES.

Les Muses étoient filles de Jupiter et de Mnémosyne, ou la déesse de mémoire. Elles étoient au nombre de neuf : Calliope, Clio, Erato, Melpomène, Thalie, Euterpe, Polymnie, Terpsichore, et Uranie :

Dans son rapide essor, Uranie à nos yeux
Dévoile la nature et les secrets des Dieux.

Des empires divers Clio chante la gloire,
Des rois, des conquérants assure la mémoire.

Calliope, accordant la lyre avec la voix,
Eternise en ses vers d'héroïques exploits.

D'un spectacle agréable employant l'artifice,
Thalie, en badinant, sait démasquer le vice.

Melpomène avec pompe étalant ses douleurs,
Nous charme en nous forçant de répandre des pleurs.

Erato des Amours célèbre les conquêtes,
Se couronne de myrte et préside à leurs fêtes.

Euterpe a de la flûte animé les doux sons,
Aux plaisirs innocents consacre ses chansons.

Polymnie a du geste enseigné le langage,
Et l'art de s'exprimer des yeux et du visage.

Terpsichore, excitée au bruit des instruments,
Joint à des pas légers de justes mouvements.

De l'esprit d'Apollon une vive étincelle,
Des filles de mémoire anime les concerts :
    Et chef de leur troupe immortelle,
Il rassemble en lui seul tous les talents divers.
DANCHET.

Les Muses partageoient les honneurs que l'on rendoit à Apollon : on les désigne souvent sous les noms des neuf sœurs, des doctes fées, de déesses du sacré vallon, de chastes filles de mémoire, de sœurs d'Apollon, etc.

> Déjà pour l'immortelle fête
> Les neuf sœurs ont paré leur tête
> Des fleurs qui bravent les hivers ;
> Et ces filles de Mnémosyne,
> Déjà sur la lyre divine
> Préludent leurs plus doux concerts.

LAMOTTE.

Elles inspirent les poëtes, que l'on appelle les nourrissons des Muses, ou leurs favoris, et les forment au vrai goût de la poésie. Elles seules peuvent assurer la gloire des héros par des vers dignes d'immortaliser leurs exploits :

Non, non, sans le secours des filles de mémoire,
Vous vous flattez en vain, partisants de la gloire,
D'assurer à vos noms un heureux souvenir.
Si la main des neuf sœurs ne pare vos trophées,
   Vos vertus étouffées
N'éclaireront jamais les yeux de l'avenir.

Vous arrosez le champ de ces nymphes sublimes ;
Mais vous savez aussi que vos faits magnanimes
Ont besoin des lauriers cueillis dans leur vallon :
Ne cherchons point ailleurs la cause sympathique
   De l'alliance antique
Des favoris de Mars avec ceux d'Apollon.
        ROUSSEAU.

 Les neuf Muses, prises en général, président également aux sciences, aux beaux-arts et à la poésie ; mais chacune a un emploi distingué, et un genre qui lui est propre.

 Calliope préside à l'éloquence et à la poésie héroïque : on la représente avec un air majestueux, couronnée de lauriers, et parée de guirlandes de fleurs. Elle tient dans la main droite une trompette, et un livre dans la gauche. Auprès d'elle sont les poëmes d'Homère et de Virgile, l'Iliade, l'Odyssée, et l'Enéide :

  De la superbe Calliope
  La trompette frappe les airs.
  Que vois-je ? elle me développe
  Les secrets du vaste univers.

Les cieux, les mers, le noir Cocyte,
L'Elysée où la paix habite,
A son gré s'offrent à mes yeux.
Sa voix enfante les miracles,
Et pour triompher des obstacles,
Dispose du pouvoir des Dieux.

LAMOTTE.

Melpomène est la déesse de la tragédie : on la représente avec un air sérieux ; elle est chaussée d'un cothurne, et superbement vêtue. Elle tient d'une main des sceptres et des couronnes, et de l'autre un poignard : les anciens lui donnoient pour attributs une massue et un masque tragique, bien différent de celui de la comédie : il avoit un caractère plus noble, et une expression propre à la douleur :

Melpomène, les yeux en larmes,
De cris touchants vient me frapper.
Quel art me fait trouver des charmes
Aux pleurs que je sens m'échapper ?
La pitié la suit gémissante,
La terreur toujours menaçante
La soutient d'un air éperdu.
Quel infortuné faut-il plaindre ?
Ciel ! quel est le sang qui doit teindre
Le fer qu'elle tient suspendu ?

LAMOTTE.

Thalie préside à la comédie. On la représente couronnée de lierre, chaussée de brodequins, tenant un masque d'une main, et de l'autre un bâton recourbé, qui est la houlette, ou le bâton pastoral des anciens :

> Mais tes ris, aimable Thalie,
> Me détournent de ces horreurs ;
> D'un siècle en proie à la folie
> Tu peins les ridicules mœurs.
> Imposteurs, avares, prodigues,
> Tout craint tes naïves intrigues ;
> On s'entend, on se voit agir.
> Tu blesses, tu plais tout ensemble,
> Et d'un masque qui nous ressemble
> Ton art nous fait rire et rougir.
>
> LAMOTTE.

Polymnie préside à la rhétorique et à l'art du geste et de la déclamation, dont elle est l'auteur : on la représente vêtue de blanc, et couronnée de perles. Elle a la main droite en action pour haranguer, et tient un sceptre dans la gauche : les anciens la représentoient avec l'index de la main droite sur la bouche, sans aucun attribut :

De tous nos mouvements es-tu donc la maîtresse ?
  Tiens-tu notre cœur dans tes mains ?
Tu feins le désespoir, la haine, la tendresse ;
  Et je sens tout ce que tu feins.

A tes gestes choisis une vue attentive
  De tes desseins suivroit le cours ;
Et dans ton action, aussi juste que vive,
  On entend déjà tes discours.

LAMOTTE.

Erato préside à la poésie lyrique. On la représente avec un air enjoué. Elle est couronnée de myrte et de roses. Elle tient une lyre d'une main, et de l'autre une sorte d'archet : elle a auprès d'elle un petit Cupidon ailé, qui porte un arc et un carquois :

> Quelle Muse de fleurs nouvelles
> Qu'assemble un choix ingénieux,
> Fait des guirlandes immortelles,
> Ornement des rois et des Dieux ?
> Elle chante, au gré de son zèle,
> Le fils enjoué de Sémèle,
> Ou l'aveugle fils de Vénus ;
> Et quelquefois dans les alarmes,
> Elle ose, pour le dieu des armes,
> Négliger l'Amour et Bacchus.
> LAMOTTE.

Euterpe inventa la flûte. Elle préside à la musique et à la poésie pastorale. On la représente couronnée de fleurs, et tenant à la main un livre de musique : elle a auprès d'elle des flûtes et des hautbois.

> Qu'entends-je ? Euterpe au pied d'un hêtre,
> Chantant les troupeaux, les jardins,
> Du son d'une flûte champêtre
> Réveille les échos voisins.
> Deux bergers que sa voix enchante,
> Des biens tranquilles qu'elle chante
> Viennent étudier le prix ;
> Et tous deux osent après elle,
> Sur une musette fidelle,
> Redire ce qu'ils ont appris.
> LAMOTTE.

Uranie préside à l'astronomie. On la représente couronnée d'étoiles, avec une robe couleur d'azur. Elle soutient un globe céleste d'une main, et tient de l'autre une baguette avec laquelle elle paroît démontrer ce qui est tracé sur le globe. Autour d'elle sont des instruments de mathématiques :

>Uranie aux célestes voûtes
>Elevant ses hardis regards,
>Parcourt les inégales routes
>Que tiennent les astres épars,
>Prévoit quel corps dans leur carrière
>Doit nous dérober leur lumière,
>Et nous en prédit les instants ;
>Sait leur distance, leur mesure,
>Et tous les rangs que la nature
>Leur a prescrits dans tous les temps.
>
> LAMOTTE.

Clio préside à l'histoire. On la représente couronnée de laurier, tenant de la main droite une trompette, et un livre dans la gauche :

>Mais la déesse de mémoire,
>Favorable aux noms éclatants,
>Soulève l'équitable histoire
>Contre l'iniquité du temps ;
>Et, dans le registre des âges,
>Consacrant les nobles images
>Que la gloire lui vient offrir,
>Sans cesse en cet auguste livre
>Notre souvenir voit revivre
>Ce que nos yeux ont vu périr.
>
> ROUSSEAU.

Terpsichore préside à la danse. On la représente couronnée de fleurs, avec une harpe entre les mains, et des instruments de musique autour d'elle :

Non, ce n'est point assez de vos charmants concerts,
    Une Muse vous manque encore.
Croyez-vous réunir les suffrages divers,
    Sans le secours de Terpsichore?
C'est en vain qu'aujourd'hui des chants mélodieux
    Sur la scène appellent les Grâces;
Si la danse n'amuse et ne charme les yeux,
L'ennui suit les plaisirs, et vole sur leurs traces.
FUSELIER.

DIANE.

DIANE, sœur d'Apollon, fille de Jupiter et de Latone, est distinguée par les poëtes sous trois rapports différents; ce qui lui a fait donner le nom de *triple Hécate*. On l'appelle la Lune ou Phébé dans le ciel; Diane sur la terre; Hécate dans les enfers. Les trois fonctions qui lui sont propres, se trouvent bien détaillées dans ces vers:

Brillant astre des nuits, vous réparez l'absence
    Du Dieu qui nous donne le jour;
    Votre char, lorsqu'il fait son tour,
Impose à l'univers un auguste silence,
Et tous les feux du ciel composent votre cour.

En descendant des cieux, vous venez sur la terre
    Régner dans les vastes forêts ;
Votre noble loisir sait imiter la guerre :
Les monstres dans vos jeux succombent sous vos
    traits.
Jusque dans les enfers votre pouvoir éclate ;
Les mânes en tremblant écoutent votre voix,
    Au redoutable nom d'Hécate,
Le sévère Pluton rompt lui-même ses lois.
FONTENELLE.

Les poëtes confondent presque toujours Hécate avec Proserpine : elle n'avoit cependant point d'autre pouvoir aux enfers que celui de retenir pendant cent ans, sur les bords du Styx, les ombres de ceux qui n'avoient point été inhumés.

Diane étoit la déesse des chasseurs. Elle habitoit les bois et les forêts avec une troupe de nymphes qu'elle occupoit toujours à la chasse : on la représente chaussée d'un cothurne, tenant un arc d'une main, et de l'autre une flèche. Elle porte un croissant sur le haut du front, et un carquois sur les épaules : elle est quelquefois montée sur un char traîné par des biches. On lui donne un port majestueux, et un air de modestie mêlée de fierté.

Non, cette majesté n'est point d'une mortelle ;
Nous la reconnoissons, c'est Diane, c'est elle ;
Voilà ses yeux, ses traits, sa modeste fierté :
Dans son air, dans son port, tout est divinité.
ROUSSEAU.

On l'appelle ordinairement la *chaste Diane*, parce qu'elle ne voulut jamais se marier, et qu'elle changea en cerf le chasseur Actéon, qui avoit eu la témérité de la regarder dans le bain. On dit cependant qu'elle aima le berger Endymion ; mais elle n'est plus alors la déesse de la chasse :

> Dans cette cour charmante
> La Déesse qui vous conduit,
> Brille comme, au milieu des astres de la nuit,
> Du jeune Endymion on voit briller l'amante.
> ROUSSEAU.

Jupiter ayant trouvé ce berger dans l'appartement de Junon, le condamna à un sommeil de trente ans. Endymion étoit endormi dans un vallon que la lune éclairoit souvent, c'est ce qui semble avoir donné lieu à cette fable. La sévérité de Diane est bien moins incertaine : elle chassa de sa compagnie la nymphe Calysto, qui s'étoit laissée surprendre par Jupiter. Aréthuse étant poursuivie par le chasseur Alphée, Diane changea la nymphe en fontaine, pour la tirer du danger ; et le chasseur en fleuve, pour le punir de sa témérité.

La Déesse tira une vengeance plus cruelle d'Altée, épouse d'OEnée, roi de Calydon. Cette reine avoit prétendu que ses filles étoient plus belles que Diane :

Et toi, fille du Dieu qui lance le tonnerre;
Diane, qui toujours m'a déclaré la guerre,
Si mon orgueil a pu si long-temps t'irriter,
Par mon abaissement je vais te contenter.
La Grange-Chancel.

D'autres disent que le roi avoit oublié Diane dans ses sacrifices : quoi qu'il en soit, la Déesse irritée envoye dans les plaines de Calydon un sanglier monstrueux, qui porte part-tout une désolation cruelle :

Méléagre, embrasé d'un généreux courroux,
Cherche à vaincre ou périr pour le salut de tous;
Et, le frappant au cœur d'une atteinte mortelle,
Il le rend pour jamais à la nuit éternelle.
La Grange-Chancel.

Méléagre, vainqueur du sanglier, en offrit la hure à Atalante, princesse d'Arcadie, qui avoit eu la gloire de combattre le monstre à la tête de plusieurs princes Grecs, et de lui porter le premier coup. Les oncles de Méléagre, jaloux de la préférence qu'il donnoit à la princesse, voulurent s'y opposer. Méléagre les tua, et épousa Atalante. Altée, dans un accès de fureur, prétendant venger la mort de ses frères, mit au feu le flambeau qu'elle avoit reçu des Parques :

Je vis de l'Achéron les rives inflexibles,
Les Parques aux mortels, si fières, si terribles,
S'approcher de mon lit, et, pour comble d'horreur,
Par ces mots effrayants augmenter ma terreur :

POÉTIQUE.

Reine, malgré Diane et toute sa puissance,
Nous te venons d'un fils annoncer la naissance;
Eteins, et de nos mains prends ce flambeau fatal,
Ses jours sont attachés à ce don infernal;
Il te donne sur eux un empire suprême;
Jamais le feu sans toi ne le peut consumer;
Jamais autre que toi ne le peut allumer;
Mais tremble, et quelque jour garde-toi de toi-même.
La Grange-Chancel.

Méléagre sent tout-à-coup un feu qui lui dévore les entrailles. Près d'expirer, il s'écrie :

Je reconnois Diane, et son courroux vengeur !
Le poison qui me ronge, augmente sa fureur.
Je brûle, et je ressens dans mes veines ardentes,
Couler, au lieu de sang, des flammes dévorantes.
La Grange-Chancel.

Altée s'applaudit d'abord de la cruelle vengeance qu'elle tire de son fils :

Dans ce funeste état c'est moi qui l'ai réduit;
Le flambeau de ses jours étoit en ma puissance;
Le feu l'a consumé, j'ai pressé ma vengeance;
De son ingratitude il a reçu le prix.
Danchet.

Cependant, revenue à elle-même, et voyant le cadavre brûlant de son fils, elle se tua de désespoir.

Diane fit transférer à Patras la statue qu'on lui avoit élevée à Calidon, où elle etoit honorée sous le nom de *Lapria*. Elle avoit un autel en Tauride, sur lequel on immoloit les étrangers qui faisoient naufrage sur ces côtes. On lui avoit bâti un temple magnifique à Magnésie, ville de Lydie, où elle étoit adorée sous le nom de *Diane Leucophryne*; on l'invoquoit aussi à Athènes sous ce même nom. Mais le temple qu'elle avoit à Ephèse, ville d'Ionie, étoit le plus célèbre et le plus beau. C'étoit une des sept merveilles du monde. On avoit été deux cent vingt ans à le bâtir : toutes les provinces de l'Asie y avoient contribué pendant deux cents ans. On admiroit les tableaux excellents, les belles statues qui décoroient ce temple, et sur-tout cent vingt-sept colonnes qui étoient des monuments de la magnificence d'autant de rois. Erostrate, Ephésien, voulant faire parler de lui, et ne pouvant point ou ne voulant point s'immortaliser par quelque belle action, brûla ce temple, le jour même qu'Alexandre-le-Grand naquit en Macédoine; ce fut le sixième jour de juillet, l'an du monde mil six cent quatre-vingt-dix-huit.

Les six autres merveilles du monde étoient :

Le *Colosse de Rhodes*, statue d'airain, qui représentoit un homme d'une grandeur prodigieuse, placée debout sur deux tours qui défendoient l'entrée du port de l'île de Rhodes : les plus grands mâts des vaisseaux passoient librement entre les jambes de cette statue. Elle avoit cent cinq pieds de haut. Un marchand juif en acheta les débris, et en chargea neuf cents chameaux.

Le *Mausolée*, ou le tombeau de Mausole, roi de Carie. Son épouse Artémise ne pouvoit se consoler de la mort de ce prince :

> Ainsi, quand Mausole fut mort,
> Artémise accusa le sort,
> De pleurs se noya le visage,
> Et dit aux astres innocents,
> Tout ce que fait dire la rage
> Quand elle est maîtresse des sens.
>
> MALHERBE.

Pour adoucir sa douleur, elle fit bâtir ce tombeau avec des soins et des frais immenses, et le rendit si magnifique, qu'il mérita d'être mis au nombre des sept merveilles du monde : de-là vient le nom de *mausolées* que l'on donne aux monuments élevés à la gloire des grands hommes, et aux représentations des tombeaux dans les pompes funèbres.

Le *Jupiter Olympien* : c'étoit la statue de ce Dieu, placée dans le temple qu'il avoit à Olympie, ville célèbre située entre le mont Ossa et le mont Olympe. Cette statue étoit un ouvrage de Phydias, sculpteur, qui mérita l'admiration de toute l'antiquité. La statue étoit d'or et d'ivoire : elle représentoit le Dieu assis sur un trône d'or enrichi de pierres précieuses ; il portoit sur sa tête une couronne qui imitoit la forme de l'olivier : la chaussure et le manteau étoient aussi d'or ; le Dieu tenoit de la main droite une victoire d'or et d'ivoire, et de la gauche un sceptre surmonté d'un aigle.

Le temple pouvoit passer lui-même pour une merveille; il étoit orné de tout ce que la peinture et la sculpture pouvoient offrir de plus rare et de plus précieux ; les plus beaux marbres, le bronze, l'or et l'ivoire, décoroient l'intérieur de ce bâtiment, dont l'architecture étoit admirable.

On dit que Phydias pria le Dieu de lui marquer par quelque signe si son travail lui étoit agréable, et qu'aussitôt la foudre frappa le pavé du temple, dans un endroit que l'on montroit, et où l'on avoit placé une urne de bronze.

Le *Phare d'Alexandrie* : ce superbe édifice, ouvrage de Sostrate, Gnidien, fut bâti sous le règne de Ptolomée Philadelphe, qui y employa des sommes immenses. Au-dessus d'un palais de marbre blanc, s'élevoit une tour carrée, bâtie du même marbre, et d'une hauteur extraordinaire ; c'étoit un composé de plusieurs galeries soutenues les unes sur les autres par de riches colonnes. Du haut de cet édifice, où l'on allumoit tous les soirs un fanal pour éclairer l'entrée du port, on prétend que l'on découvroit tous les vaisseaux qui abordoient à l'île de Rhodes, quoiqu'elle fût éloignée d'environ deux cents lieues. Il ne reste plus rien aujourd'hui de ce monument célèbre.

Les *Jardins et les Murs de Babylone*, ouvrages qui rendirent immortelle Sémiramis, reine d'Egypte, et qu'elle avoit fait construire avec autant de solidité que de magnificence :

Que la reine, en ces lieux brillants de sa splendeur,
De son puissant génie imprime la grandeur!
Quel art a pu former ces enceintes profondes,
Où l'Euphrate égaré porte en tribut ses ondes,
Ce temple, ces jardins dans les airs soutenus,
Ce vaste mausolée, où repose Ninus?

VOLTAIRE.

Ces jardins, d'une beauté surprenante, étoient très vastes, et soutenus en l'air par des colonnes. Quinte-Curce en fait une description fort détaillée au commencement de son cinquième livre.

Les *Pyramides d'Egypte* : monuments célèbres de la magnificence et de la grandeur des rois de l'Egypte, et qui étoient destinés à leur servir de tombeaux. La passion favorite des anciens Egyptiens étoit de se préparer des tombeaux où leurs corps fussent préservés de la corruption, et à l'abri de toute insulte. Il y avoit un grand nombre de ces pyramides, dont on trouve encore des restes précieux, dignes des recherches des savants;

mais les plus belles se trouvent près du vieux Caire, sur la rive gauche du Nil. Elles sont au nombre de trois, et semblent s'élever jusqu'aux nues : elles étoient revêtues de marbre en dehors, et environnées de nombreux édifices, dont la magnificence ne cédoit en rien au monument que le fils de l'empereur Gian avoit destiné à la sépulture de ses ancêtres. C'étoit un salon soutenu par cent colonnes de porphyre. Quarante statues d'or renfermoient les corps d'autant de rois : elles environnoient un trône sur lequel la statue de l'empereur Gian étoit placée assise, et toute couverte de diamants.

Les historiens qui ont parlé de ces miracles de l'art, écrivoient dans des temps si éloignés de celui où on éleva les pyramides, que le nom des rois qui en exécutèrent le dessein, étoit entièrement oublié.

BACCHUS.

Bacchus étoit fils de Jupiter et de Sémélé, fille de Cadmus, roi d'Athènes :

> Comme souverain de la foudre,
> T'aima la fille de Cadmus,
> Qui, malgré toi, réduite en poudre,
> A peine te laissa Bacchus.
>
> Lamotte.

Junon, voulant se venger de Sémélé, mit tout en œuvre pour piquer sa vanité. Vous pouvez, lui disoit-elle, passer pour l'épouse de Jupiter :

Exigez qu'aux Thébains lui-même il vienne apprendre
  Un choix pour vous si glorieux ;
Qu'armé de son tonnerre il se montre à vos yeux ;
  Que par le Styx il jure de descendre
Avec tout l'appareil du souverain des Dieux,
Tel qu'aux yeux de Junon il paroît dans les cieux.

LAMOTTE.

Sémélé obtint cette grâce, quoique difficilement ; et ce que Junon avoit prévu arriva. L'éclat et la majesté qui environnoient le Dieu effraya une simple mortelle, au point de la faire accoucher sur-le-champ ; et le feu du tonnerre la réduisit en cendres. Jupiter enferma dans sa cuisse le petit Bacchus, jusqu'au moment marqué pour sa naissance, et le confia à sa tante Ino, qui l'éleva secrètement avec le secours des nymphes. Cette dernière circonstance est ajoutée par les poëtes, qui veulent insinuer que le vin doit être tempéré par l'eau : d'autres prétendent qu'il fut élevé par Silène, vieux satyre, qui le suivit à la conquête des Indes, monté sur un âne. Il s'enivroit chaque jour, et n'en étoit que plus plaisant.

Bacchus, devenu grand, parcourut toute

la terre, fit la conquête de l'Inde, et revint en Egypte, où il enseigna aux hommes l'agriculture :

> Du fameux bord de l'Inde, où toujours la victoire
>   Rangea les peuples sous ma loi,
>   Je viens prendre part à la gloire
>   D'un vainqueur aussi grand que moi.
> CORNEILLE.

Les conquêtes de Bacchus sont célèbres : on le regarde même comme le plus puissant des Dieux après Jupiter. Il en étoit au moins le plus courageux : il fut le seul qui osa rester dans le ciel pendant la guerre des géants. On dit qu'il s'étoit changé en lion pour les combattre :

> C'est lui qui, des fils de la Terre
> Châtiant la rebellion,
> Sous la forme d'un fier lion,
> Vengea le maître du tonnerre ;
> Et par lui les os de Rhécus
> Furent brisés comme le verre,
> Aux yeux de ses frères vaincus.
> ROUSSEAU.

Il est ordinairement regardé, moins comme le Dieu des guerriers, que comme celui du vin, parce que ce fut lui qui le premier planta la vigne et inventa la vendange :

> Prends part à la juste louange
> De ce Dieu si cher aux guerriers,
> Qui, couvert de mille lauriers

Moissonnés jusqu'au bord du Gange,
A trouvé mille fois plus grand
D'être le Dieu de la vendange,
Que de n'être qu'un conquérant.
ROUSSEAU.

On le peint toujours sous la figure d'un jeune homme, avec un teint vermeil et un air de gaieté : quelquefois on le représente avec des cornes à la tête, parce que dans ses voyages il se couvroit de la peau d'un bouc ; et quelquefois assis sur un tonneau, avec une coupe à la main, ou sur un char traîné par des tigres, des lynx ou des panthères, et tenant à la main un thyrse, qui est une baguette entourée de pampres, de lierre, et surmontée d'une pomme de pin. Ceux qui lui faisoient des sacrifices portoient une couronne de pampres, telle que lui-même en avoit toujours :

Puissant Dieu des raisins, digne objet de mes vœux,
   C'est à toi seul que je me livre :
De pampres, de festons couronnant mes cheveux,
   En tous lieux je prétends te suivre.
ROUSSEAU.

Les sacrifices que l'on faisoit en son honneur consistoient en plusieurs libations de vin, et à lui immoler une pie, parce que le vin fait parler avec indiscrétion ; ou un bouc, parce que cet animal détruit les bourgeons de la vigne. Ses fêtes se célébroient en automne, avec une licence qui alloit jusqu'à la fureur. Ses prêtresses, appelées Bacchantes, ou Ménades, couroient alors sur les montagnes, et mettoient en pièces tous les hommes qu'elles rencontroient. Elles étoient habillées de peaux de tigres, et avoient les cheveux épars ; chacune tenoit à la main un thyrse et une torche ardente. Ces fêtes s'appeloient Orgyes, ou Bacchanales. Les paysans de l'Attique les célébroient en sautant, un pied en l'air, sur des peaux enflées en forme de ballons, et frottées d'huile. Ceux qui se laissoient tomber faisoient tout l'amusement de l'assemblée : les jeux des Ménades étoient beaucoup plus à craindre :

> De ces Ménades révoltées
> Craignons l'impétueux courroux.
> Tu sais jusqu'où ce Dieu jaloux
> Porte ses fureurs irritées,
> Et quelles tragiques horreurs,
> Des Lycurgues et des Penthées
> Payèrent les folles erreurs.
>
> Rousseau.

Ce Lycurgue étoit roi de Thrace, et l'ennemi déclaré de Bacchus, qui se vengea en inspirant à ce prince des accès de fureur, dans l'un desquels il se coupa les jambes.

Penthée étoit un roi de Thèbes. Par mépris pour les Dieux, il fit emprisonner Bacchus qui passoit dans ses états. Le Dieu s'échappa de sa prison, et l'enthée fut mis en pièces par sa propre famille, qui avoit été frappée de fureur.

MERCURE.

Ce Dieu, fils de Jupiter et de Maïa, avoit la charge d'interprète et de messager des Dieux, mais sur-tout de Jupiter :

Moi qui suis, comme on sait, en terre et dans les cieux,
Le fameux messager du souverain des Dieux ;
 Et qui, sans rien exagérer,
 Par tous les emplois qu'il me donne,
 Auroit besoin, plus que personne,
 D'avoir de quoi me voiturer.

Molière.

Jupiter lui avoit attaché des aîles à la tête et aux pieds, afin qu'il exécutât plus promptement ses ordres. Mercure, en qualité de messager des Dieux, entroit dans toutes leurs intrigues, avoit soin de toutes leurs entreprises, et portoit leurs ordres par-tout : il gouvernoit aussi les affaires qui regardoient la paix et la guerre ; enfin il conduisoit les ames dans les enfers, et avoit le pouvoir de les en retirer.

Toi qui d'une ardeur empressée
Sers le maître de l'univers,
Prends tes ailes, ton caducée,
Vole, et va t'ouvrir les enfers.
Cherche l'ombre de Roquelaure;
D'un ami qui le pleure encore
C'étoit la plus chère moitié;
Va, ce seul espoir me soulage,
Va lui porter le tendre hommage
Que lui rend ma triste amitié.

LAMOTTE.

Mercure étoit lui-même honoré comme le Dieu de l'éloquence, du commerce et des voleurs.

Il passoit pour le Dieu de l'éloquence, parce qu'en qualité d'interprète des Dieux, étant chargé d'entendre les harangues qu'on leur faisoit, et d'y répondre, il s'en acquittoit de façon à ravir tous ceux qui l'écoutoient. C'est pourquoi on le représente quelquefois avec des chaînes d'or qui lui sortent de la bouche, et par lesquelles il semble tenir ses auditeurs enchaînés.

On le regardoit comme le Dieu du commerce, parce qu'il avoit inventé les poids, les mesures, et ce qui fait la science du négociant; son nom semble l'indiquer : il vient du mot latin *mercatura*, qui signifie le commerce.

Il étoit le Dieu des voleurs, parce qu'il

aidoit à voler, et qu'il avoit donné en ce genre des preuves de son talent. Il enleva dans le même instant les troupeaux, les armes et la lyre d'Apollon, qui étoit alors au service du roi Admète. Il se servit de cette lyre pour endormir Argus, qu'il tua par l'ordre de Jupiter : il changea Battus en pierre de touche, pour le punir de son indiscrétion. Ce berger avoit vu Mercure enlever les troupeaux d'Apollon, et en avoit reçu une vache, sur la promesse de ne jamais parler de ce vol : Mercure ne s'y fiant point du tout, feignit de se retirer, et revint, sous une autre forme, offrir au berger un bœuf et une vache, s'il vouloit dire où étoit le troupeau que l'on cherchoit. Battus se laissa gagner, et fut changé en cette pierre qui découvre la nature du métal qu'on lui fait toucher.

Mercure est ordinairement représenté habillé en coureur, avec des ailes à la tête et aux talons : il porte à la main un caducée. C'est une baguette qu'il avoit reçue d'Apollon, en lui rendant sa lyre. Un jour il rencontra sur le mont Cythéron, voisin de la ville de Thèbes, deux serpents qui se battoient : voulant les séparer, il mit entre eux la baguette qu'il tenoit à la main : les deux serpents s'y attachèrent ; et Mercure porta toujours dans la suite une baguette où étoient deux serpents entrelacés ; c'est ce qu'on appelle un caducée : il est le symbole de la paix et de l'union. Mercure s'en servoit pour se faire ouvrir les portes des enfers, et pour endormir ou réveiller les mortels :

A ses pieds il attache
Ces ailes dont il s'ouvre un chemin dans les airs,
Qui le portent d'un vol de l'olympe aux enfers :
Il arme aussi son bras du divin caducée,
Dont la double puissance à son choix exercée,
Telle qu'un bruit perçant, ou que les froids pavots,
Impose aux yeux mortels ou ravit le repos.
LAMOTTE.

VÉNUS.

Vénus, ou Cypris, est la déesse de la beauté. Les poëtes varient sur son origine ; les uns disent qu'elle est fille du Ciel et de la Terre ; les autres, qu'elle doit le jour à Jupiter et à la nymphe Dioné. La plupart prétendent qu'elle est sortie du sein de la mer :

Rendez à cette reine un éclatant hommage ;
  Jamais Vénus, sortant du sein des mers,
Ne fit voir à vos yeux un plus riche assemblage
  De grâces et d'attraits divers.
ROUSSEAU.

Zéphyre porta Vénus dans l'île de Chypre, où les Heures se chargèrent de la nourrir ; et, bientôt après, elles la conduisirent avec pompe dans le ciel. Tous les Dieux la trouvèrent si belle, que chacun d'eux voulut l'épouser : Jupiter accorda la préférence à Vulcain, pour le récompenser des services qu'il avoit rendus pendant la guerre des Géants. Vénus fut très mécontente d'un choix qui lui donnoit pour époux le plus laid et le plus difforme de tous les Dieux. Elle s'attacha au dieu Mars, à Anchise, prince troyen, à Bacchus, et à Adonis, jeune chasseur d'une grande beauté :

> Ses jours couloient sans alarmes,
> Lorsqu'un jeune chasseur se présente à ses yeux,
> Elle croit voir son fils, il en a tous les charmes ;
> Jamais rien de plus beau ne parut sous les cieux.
>
> Rousseau.

Les poëtes lui donnent plusieurs enfants ; Cupidon ou l'Amour, les trois Grâces, l'Hymen, Priape et Enée. Ils ajoutent qu'elle est encore la mère des Ris, des Jeux et des Plaisirs, qu'ils représentent sous la forme de génies, ou de petis enfants aîlés. On raconte beaucoup de merveilles de la ceinture de Vénus : c'étoit un tissu qui renfermoit toutes les grâces, et faisoit infailliblement aimer la personne qui le portoit. Junon vint un jour consulter Vénus sur les moyens qu'elle pourroit employer pour regagner le cœur de Jupiter :

> Vénus lui donne alors sa divine ceinture,
> Ce chef-d'œuvre sorti des mains de la nature.
> . . . .
> . . . .

En prenant ce tissu, que Vénus lui présente,
Junon n'étoit que belle, elle devint charmante :
Les Grâces et les Ris, les plaisirs et les Jeux
Surpris, cherchent Vénus ; doutent qui l'est des deux.

LAMOTTE.

Cette Déesse avoit des temples dans tous les pays du monde. Les plus beaux et les plus célèbres étoient à Amathonte, à Lesbos, à Paphos, à Gnide et à Cythère. L'île de Chypre lui étoit particulièrement consacrée. Le culte qu'on lui rendoit étoit un composé de jeux, de chants, de danses, de débauches infâmes. Les poëtes n'en parlent que rarement, et avec horreur.

Vénus est ordinairement représentée sur un char traîné par des colombes, ou par des cygnes, ou par des moineaux. On place à côté d'elle son fils Cupidon. Quelquefois on la représente disputant la pomme d'or aux noces de Thétis et de Pélée, pour se venger de n'y avoir point été invitée :

Au superbe festin tous les dieux invités,
Partegeoient le bonheur des époux enchantés,
La main de la Discorde, entr'ouvrant un nuage,
Du désordre prochain fait briller le présage :
Elle tient un fruit d'or, où ces mots sont écrits :
Le sort à la plus belle a réservé ce prix.

On sait quel fut le trouble entre les immortelles,
Qui toutes prétendoient à l'empire des belles ;

Et qu'enfin Jupiter, qui n'osa les juger,
Fit dépendre ce droit de l'arrêt d'un berger.
LAMOTTE.

Junon, Pallas et Vénus se soumirent volontiers au jugement de Pâris, fils de Priam, roi de Troie, et se rendirent sur le mont Ida, dans la Phrygie :

Là, ce berger aimable, issu du sang des rois,
Juge les trois beautés soumises à son choix :
Vénus reçoit la pomme . . . .
LAMOTTE.

  De sa grâce extrême
  Minerve elle-même
  Reconnoît le prix ;
  Et par sa surprise
  Junon autorise
  Le choix de Pâris.
ROUSSEAU.

Les trois Grâces, Aglaïe, Thalie et Euphrosine, étoient les compagnes inséparables de Vénus : on dit qu'elles sont filles de Jupiter et de Vénus. Elles président à tous les arts de goût et d'agrément. On les fait compagnes des Muses, et les poëtes leur adressent même des vœux :

  Déesses, jadis adorées
  Dans ces abondantes contrées
  Où Céphise roule ses eaux,
  Que mon hommage vous attire ;
  Grâces, venez toucher ma lyre,
  Et tirez-en des sons nouveaux.
LAMOTTE.

CUPIDON.

Cupidon ou l'Amour, étoit fils de Vénus et de Mars. On le représente sous la figure d'un enfant, avec un bandeau sur les yeux, un arc à la main, et quelquefois un flambeau. Il porte des ailes et un carquois rempli de flèches ardentes.

> Dans une obscurité profonde,
> Je porte au hasard mon flambeau :
> Otez à l'Amour son bandeau,
> Vous rendez le repos au monde.
> Rousseau.

On lui donne un caractère de malignité cruelle ; et, quoique enfant, il passe pour le plus puissant des Dieux :

> Ce dangereux enfant, si tendre et si cruel,
> Porte en sa foible main les destins de la terre ;
> Donne avec un souris, ou la paix, ou la guerre,
> Et répandant partout ses trompeuses douceurs,
> Anime l'univers, et vit dans tous les cœurs.
> Sur un trône éclant, contemplant ses conquêtes,
> Il fouloit à ses pieds les plus superbes têtes,
> Fier de ses cruautés, plus que de ses bienfaits,
> Il sembloit s'applaudir des maux qu'il avoit faits.
> Voltaire.

Cupidon aima Psyché, que Vénus persécuta au point de la faire mourir de douleur. Jupiter lui rendit la vie, et lui donna l'immortalité. On la représente avec des aîles de papillon.

Le culte que l'on rendoit à ce Dieu, lui étoit commun avec sa mère. Il avoit cependant des autels et des temples où on l'honoroit particulièrement. Quoique la description suivante semble n'appartenir qu'à la passion de l'amour personnifiée, elle peut cependant convenir au fils de Vénus :

Sur les bords fortunés de l'antique Idalie,
Lieux où finit l'Europe et commence l'Asie,
S'élève un vieux palais respecté par les temps :
La nature en posa les premiers fondemens ;
Et l'art, ornant depuis sa simple architecture,
Par ses travaux hardis surpassa la nature.
Là, tous les champs voisins peuplés de myrtes verds,
N'ont jamais ressenti l'outrage des hivers.
Partout on voit mûrir, partout on voit éclore
Et les fruits de Pomone, et les présents de Flore ;
Et la terre n'attend, pour donner ses moissons,
Ni les vœux des humains, ni l'ordre des saisons.
L'homme semble y goûter dans une paix profonde,
Tout ce que la nature, aux premiers jours du monde,
De sa main bienfaisante accordoit aux humains,
Un éternel repos, des jours purs et sereins,
Les douceurs, les plaisirs que promet l'abondance,
Les biens du premier âge, hors la seule innocence.
. . . .
. . . .
De ce temple fameux telle est l'aimable entrée,
Mais, lorsqu'en avançant sous la voûte sacrée,
On porte au sanctuaire un pas audacieux,

Quel spectacle funeste épouvante les yeux !
Ce n'est plus des plaisirs la troupe aimable et tendre,
Leurs concerts amoureux ne s'y font plus entendre ;
Les plaintes, les dégoûts, l'imprudence et la peur,
Font de ce beau séjour un séjour plein d'horreur.
La sombre Jalousie, au teint pâle et livide,
Suit, d'un pied chancelant, le soupçon qui la guide :
La Haine et le Courroux, répandant leur venin,
Marchent devant ses pas, un poignard à la main.
La Malice les voit, et, d'un sourir perfide,
Applaudit en passant, à leur troupe homicide.
Le Repentir les suit, détestant leurs fureurs,
Et baisse, en soupirant, ses yeux baignés de pleurs.
Voltaire.

VULCAIN.

On le regardoit comme le dieu du feu. Il étoit fils de Junon et de Jupiter, qui le précipita du ciel, à cause de sa difformité. Il se cassa la jambe en tombant, et demeura boiteux. Pour le consoler de cette disgrâce, son père lui donna l'intendance de ses foudres :

C'est Vulcain qui fait le tonnerre,
Dont le maître des Dieux épouvante la terre.
Lamotte.

Il avoit sous ses ordres les Cyclopes, géants qui n'avoient qu'un œil au milieu du front. Les uns étoient enfants du Ciel et de la Terre, et les autres, de Neptune et d'Amphitrite.

POÉTIQUE.

es forges de Vulcain étoient dans les îles de
emnos, de Lypare, et dans le mont Etna.
es poëtes le font travailler lui-même aux
mes dont les Dieux vouloient faire présent
ix héros qu'ils protégeoient. C'est à lui que
énus s'adressoit pour faire forger les armes
e Cupidon :

Dans ces antres fameux, où Vulcain, nuit et jour,
Forge de Jupiter les foudroyantes armes,
Vénus faisoit remplir le carquois de l'Amour ;
  Les Grâces lui prêtoient leurs charmes,
Et son époux, couvert de feux étincelants,
Animoit en ces maux les Cyclopes brûlants :
    Que l'airain écume et bouillonne ;
    Que mille dards en soient formés ;
    Que sous nos marteaux enflammés,
  A grand bruit l'enclume résonne.
ROUSSEAU.

Ce Dieu est représenté avec un air hideux
t difforme, avec les yeux et le visage en-
amnés, et tenant un marteau à la main.

MINERVE.

INERVE ou Pallas sortit du cerveau de
upiter armée de pied en cap. Pour la met-
re au monde, ce Dieu se fit donner un coup
e hache sur la tête, par Vulcain. On dis-

tingue cette Déesse sous deux rapports : ou comme la déesse de la guerre, et alors on l'appelle Pallas ; ou comme la déesse de la sagesse et des beaux-arts, et on l'appelle alors Minerve :

   O Minerve savante !
   O guerrière Pallas !
  Que par votre faveur puissante,
  Une félicité charmante
Nous offre, chaque jour, mille nouveaux appas,
   Animez nos cœurs et nos bras,
   Rendez la victoire constante,
    Conduisez nos soldats ;
   Partout devant leurs pas
   Jetez le trouble et l'épouvante.
QUINAULT.

Minerve est représentée avec un air de douceur et de majesté. Elle tient à la main une branche d'olivier, et des instruments de mathématiques sont à ses pieds. Les poëtes, en la faisant sortir du cerveau du maître des hommes et des Dieux, ont prétendu tracer un emblème de la raison qui a été donnée à l'homme pour le conduire.

   De la vertu qui nous conserve,
   C'est le symbolique tableau :
   Chaque mortel a sa Minerve,
   Qui doit lui servir de flambeau.
   Mais cette déité propice
   Marchoit toujours devant Ulysse,

Lui servant de guide ou d'appui ;
Au lieu que, par l'homme conduite,
Elle ne va plus qu'à sa suite,
Et se précipite avec lui.
ROUSSEAU.

Après que les Dieux eurent quitté la terre, on prétend que le Ciel envoya Minerve habiter parmi les hommes, afin qu'elle les dédommageât de la perte qu'ils faisoient par la retraite de tous les immortels.

Je prétends donc que l'unique déesse
Qui, sous mes lois, préside à la sagesse,
Minerve, dis-je, appui de mes autels,
Au lieu de vous, reste près des mortels,
Pour éclairer de ses vives lumières
L'obscurité de leurs foibles paupières.
Allez, ma fille, allez chez les humains
Faire observer mes ordres souverains :
Guidez leurs pas, soutenez leur foiblesse ;
Dans leur esprit versez votre richesse ;
Daignez enfin, dans les terrestres lieux,
Leur tenir lieu de tous les autres dieux.
Ils trouveront en vous leur bien solide :
Nul dieu ne manque où Minerve réside.
ROUSSEAU.

Les Grecs, qui ambitionnoient la gloire d'être le peuple le plus sage de l'univers, se vantoient d'être sous la protection de Minerve. Ils disoient qu'elle avoit disputé à Neptune l'honneur de donner un nom à la capitale de la Gèce, que Cécrops, riche Egyptien, venoit de bâtir. Tous les Dieux, assemblés pour juger ce différend, ne voulurent se décider qu'en faveur de la divinité qui produiroit sur-le-champ la chose la plus belle et la plus utile. Minerve, d'un coup de lance, fit sortir de la terre un olivier tout fleuri ; Neptune, d'un coup de son trident, fit naître un beau cheval, que plusieurs prétendent être le cheval Pégase. Minerve l'emporta, et donna le nom d'Athènes à cette ville, qui fut dans la suite si célèbre, et que l'on regarde comme la mère des sciences et des beaux-arts.

Pallas, ou Bellonne, présidoit aux combats :

>A leurs légions indomptables
>Bellonne inspire la fureur :
>Le bruit, l'épouvante et l'horreur
>Devancent leurs flots redoutables :
>Et la mort remet dans leurs mains
>Ces tonnerres épouvantables
>Dont elle écrase les humains.
>
> Rousseau.

On la représente armée d'une cuirasse, avec un casque sur la tête, une lance à la main, l'égide au bras, et auprès d'elle un hibou. L'égide étoit un bouclier couvert de la peau de la chèvre Amalthée, dont le nom est *Egide* en grec.

Pallas avoit reçu de Jupiter ce bouclier : elle le rendit encore plus redoutable, en y attachant la tête de Méduse, l'une des trois

Gorgones, qui avoit la vertu de pétrifier ceux qui la regardoient. Il paroît certain que Méduse avoit perdu la vie, pour avoir profané un temple consacré à Minerve. On voile quelquefois ce crime, sous un air de jalousie de la part de la Déesse :

      Pallas, la barbare Pallas,
      Fut jalouse de mes appas,
Et me rendit affreuse, autant que j'étois belle :
Ma tête est fière encor d'avoir pour ornement
      Des serpents, dont le sifflement
      Excite une frayeur mortelle.
Je porte l'épouvante et la mort en tous lieux ;
Tout se change en rocher à mon aspect horrible :
Les traits que Jupiter lance du haut des cieux,
      N'ont rien de si terrible
      Qu'un regard de mes yeux.
                    QUINAULT.

L'olivier étoit consacré à Minerve. Elle avoit à Troie un temple célèbre, où étoit le *Palladium*, statue qui étoit descendue du ciel, et s'étoit placée d'elle-même sur l'autel. On assure qu'elle remuoit de temps en temps la lance dont elle étoit armée, et qu'elle rouloit les yeux. Les Athéniens avoient aussi un *Palladium*, qu'ils prétendoient être le seul qui fût descendu du ciel. Quoi qu'il en soit, l'oracle avoit prédit que les Grecs ne prendroient point la ville de Troie, tandis que le *Palladium* seroit dans l'enceinte de ses murs. Diomède et Ulysse trouvèrent le moyen de l'enlever ; et la ville fut prise peu de temps après.

MARS.

Junon regardant la naissance de Pallas comme une insulte que Jupiter lui avoit faite, afin de s'en venger, elle donna seule le jour à Mars, et voulut qu'il présidât à la guerre et aux combats. Le caractère de ce Dieu est bien rendu dans ces vers que Rousseau met dans la bouche de Jupiter :

> Va, tyran des mortels, dieu barbare et funeste,
> Va faire retentir tes regrets loin de moi.
> De tous les habitants de l'Olympe céleste,
> Nul n'est à mes regards plus odieux que toi.
>
> Tigre, à qui la pitié ne peut se faire entendre,
> Tu n'aimes que le meurtre et les embrâsements ;
> Les remparts abattus, les palais mis en cendre,
> Sont de ta cruauté les plus doux monuments.
>
> La frayeur et la mort vont sans cesse à ta suite,
> Monstre nourri de sang, cœur abreuvé de fiel,
> Plus digne de régner sur les bords du Cocyte,
> Que de tenir ta place entre les dieux du ciel.

Ce portrait de Mars achevera de le faire bien connoître :

Loin devant lui la farouche terreur,
D'un bras sanglant, d'une voix menaçante,
Chasse la peur et la froide épouvante.
Plus près du Dieu, l'intrépide valeur,
Le glaive haut, l'œil fier, l'ame rassise,
Porte en tous lieux la mort qu'elle méprise.
Du char d'acier, chef-d'œuvre de Vulcain,
L'activité tient les rênes en main;
Fiers tourbillons, ses coursiers indomptables
Sèment au loin des feux inévitables.
Ce dieu terrible, environné d'éclairs,
Brise, en passant, les sceptres, les couronnes,
Frappe les rois écrasés sous leurs trônes,
Lance la foudre, ébranle l'univers,
Et fait trembler Pluton, en peuplant les enfers.

De la Noue.

Mars est toujours représenté armé de toutes pièces, et ne respirant que le carnage. On l'appelle souvent le Dieu de la Thrace, soit parce que les peuples de cette contrée étoient fort belliqueux, soit parce que sa fille Thracia donna son nom à ce pays. Rome lui étoit particulièrement consacrée. On dit qu'il avoit eu de Rhéa-Sylvia, fille de Numitor, roi d'Albe, Romulus et Rémus, qui furent les fondateurs de Rome. Les Romains relevoient la gloire de leur origine par ce trait de la fable, qui est de leur invention.

Mars aimoit Vénus, avec laquelle Vulcain le surprit un jour, et l'enferma dans une grille imperceptible. Alectryon, écuyer de Mars, étoit chargé de faire sentinelle ; mais il s'endormit. Il fut métamorphosé en coq ; et, par un reste de bienveilance, Mars voulut que cet oiseau lui fût consacré. Mercure délivra ce Dieu de la prison où Vulcain l'avoit mis. Il lui avoit déjà rendu le même service, en le tirant des mains des fils d'Aloüs :

Ah ! lorsque ton orgueil languissant dans les chaînes,
Où les fils d'Aloüs te faisoient soupirer,
Pourquoi, trop peu sensible aux misères humaines,
Mercure, malgré moi, vint-il t'en délivrer ?

ROUSSEAU.

Pendant le siége de Troie, où tous les Dieux, divisés entre eux de sentiments et d'intérêts, avoient pris différents partis, et se confondoient même souvent dans la mêlée, Mars combattoit contre les Grecs en faveur des Troyens, et fut blessé par Diomède :

Telle autour d'Ilion, la mort livide et blême
Moissonnoit les guerriers de Phrygie et d'Argos,
Dans ces combats affreux où le dieu Mars lui-même
De son sang immortel vit bouillonner les flots.

ROUSSEAU.

Les noms des principaux habitants de l'Olympe se retrouvent dans ce que l'on appelle le ciel céleste poétique. On a même emprunté de la fable les noms que portent la plupart des étoiles qui brilent au firmament. Comme ce détail mèneroit trop loin, on se contentera de parler ici des grandes planètes et des signes du Zodiaque.

Ces planètes sont au nombre de sept : Saturne, Jupiter, Mars, Mercure, Vénus, la Lune et le Soleil. Saturne est le plus élevé, et met trente ans à parcourir le cercle qu'il décrit autour du monde; il est environné de cinq autres petites planètes, que l'on appelle ses satellites. Jupiter décrit son cercle en douze ans : il est aussi accompagné de quatre satellites. Mars y emploie deux ans; Mercure, trois mois; Vénus, sept; la Lune, vingt-sept jours, et à peu près huit heures. C'est ainsi que Rousseau entre dans ces détails, en supposant que les Dieux, fatigués d'habiter la terre, retournent au ciel, où ils doivent recevoir leur apanage :

> Tout ce grand cœur, qu'un même zèle anime
> A se rejoindre à son auteur sublime,
> Part, vole, arrive, et, semblable à l'éclair,
> Ayant franchi les vastes champs de l'air,
> Au firmament, demeure pacifique
> Du Dieu des cieux reprend sa place antique,
> Le Ciel les voit inclinés devant lui;
> Et, d'un souris, garant de son appui,
> Rendant le calme à leur ame incertaine :
> Je sais, dit-il, quel motif vous amène;
> Et je consens à régler entre vous
> Le grand partage où vous aspirez tous.

Dans mes états, comme aîné de ma race,
Saturne aura la plus illustre place :
Un vaste globe, élevé jusqu'à moi,
Est le séjour dont je l'ai nommé roi.
Entre les Dieux nés pour lui rendre hommage,
Trois seulement auront leur apanage :
Le reste, en cercle autour de lui placés,
A le servir ministres empressés,
Lui formeront une cour sans égale,
Digne d'un dieu que ma faveur signale.
Au second rang, Jupiter et sa cour,
Plus loin de moi, mais plus voisins du jour,
Etabliront leur règne et leur puissance ;
Et, près de lui postés pour sa défense,
Quatre grands dieux, marchant sous ses drapeaux,
Lui serviront de gardes et de flambeaux.
Mars, et Vénus, et Mercure son frère,
Iront, comme eux, régir chacun leur sphère.
Phébus enfin, de mes feux éclairé,
Phébus, l'honneur de l'Olympe sacré,
Ira sur vous, sur la nature entière,
Dans le soleil répandre la lumière.
Telle est pour vous la faveur de mes lois.
Jouissez-en. Partez. Mais toutefois,
En vous donnant de si pompeux domaines,
Ne croyez pas que j'adopte vos haines,
Ni que je veuille au gré de vos chagrins,
Abandonner la terre à ses destins.
Aux dieux créés les passions permises,
Sont devant moi tremblantes et soumises.
Le Ciel, auteur de tant d'êtres semés,
N'obéit point aux sens qu'il a formés.

Le Zodiaque est un cercle qui marque le cours annuel du soleil. Il renferme douze constellations appelées Signes, et qui répondent aux douze mois de l'année. Voici leurs noms :

Le Bélier; c'est celui qui portoit la Toison d'or, et sur lequel Phryxus et sa sœur Hellé se sauvèrent, en fuyant la cour d'Iolchos, où on vouloit les immoler. Hellé, effrayée de se voir au milieu des flots, se laissa tomber, et donna son nom à l'Hellespont. Phryxus, étant arrivé en Colchide, sacrifia son bélier à Jupiter.

Le Taureau; c'est celui dont Jupiter prit la forme pour enlever Europe.

Les Gémeaux; c'est-à-dire, Castor et Pollux.

L'Ecrevisse; elle fut placée au ciel par Junon, après avoir été écrasée sous les pieds d'Hercule, contre lequel elle venoit secourir l'Hydre de Lerne.

Le Lion, autrefois celui de la forêt de Némée, qui fut tué par Hercule, et placé au ciel, à la recommandation de Junon.

La Vierge, Astrée ou la Justice; selon d'autres, Erigone, fille d'Icarius, qui se pendit de désespoir, en apprenant la mort de son père.

La balance d'Astrée, déesse de la Justice, qui se retira dans le ciel pendant le siècle de fer.

Le Scorpion, que Diane envoya contre

Orio, pour le punir d'avoir osé la défier à la chasse.

Le Sagittaire ; c'est le centaure Chiron, qui avoit élevé Hercule, Achille, et enseigné la médecine à Esculape.

Le Capricorne ; c'est la chèvre Amalthée, qui nourrit Jupiter dans son enfance.

Le Verseau, ou Ganimède, que Jupiter enleva pour en faire l'échanson des Dieux, à la place d'Hébé.

Les Poissons, dont Vénus et Cupidon prirent la forme pour se dérober à la fureur du géant Tiphon.

DIVINITÉS MARITIMES.

NEPTUNE.

Ce Dieu, fils de Saturne et de Cibèle, et frère de Jupiter, reçut en partage l'empire des eaux, et fut appelé le Dieu de la mer. Cibèle, pour tromper Saturne, qui dévoroit tous ses enfants mâles, lui présenta une pierre mise dans un maillot d'enfant, et fit élever secrètement Neptune par des bergers. Ce Dieu, devenu grand, forma une conspiration contre Jupiter, se fit chasser du ciel, et se trouva réduit à la nécessité de travailler à bâtir les murs de Troie :

> Est-ce Apollon et Neptune,
> Qui sur ces rocs sourcilleux,
> Ont, compagnons de fortune,
> Bâti ces murs orgueilleux ?
>
> Boileau.

Le roi Laomédon refusant le salaire dont il étoit convenu, Neptune inonda les travaux, et suscita un monstre marin qui désoloit le rivage. Il fit sa paix avec Jupiter, s'occupa du soin de gouverner l'empire des eaux, et épousa Amphitrite, fille de l'Océan et de Doris :

> Les Tritons, rassemblés de mille endroits divers,
> Autour d'elle flottoient sur l'onde tempérée ;
> 	Et les filles du vieux Nérée
> Faisoient devant son char retentir leurs concerts.
> 						ROUSSEAU.

Neptune est ordinairement représenté sur un char en forme de coquille, et traîné par des chevaux marins, qui le font voler sur la surface des eaux. Il a pour sceptre un trident, et pour garde des Tritons :

> Il s'avance entouré d'une superbe cour.
> Tel jadis il parut aux regards d'Amphitrite,
> 	Quand il fit marcher à sa suite
> 	L'hyménée et le Dieu d'amour.
> 						ROUSSEAU.

Amphitrite est représentée dans le même appareil, mais elle n'a point de sceptre ni de trident.

Neptune eut de son mariage avec Amphitrite, l'Océan, les Tritons et les Harpies. Les Tritons avoient la partie supérieure du corps semblable à l'homme ; et le reste, depuis la ceinture, ressembloit à un poisson. Ils accompagnoient toujours Neptune, en sonnant d'une conque marine, qui leur servoit de trompette. La plupart des dieux marins sont appelés Tritons, et on les représente ornés de coquillages.

Les Harpies étoient des monstres qui avoient

une tête de femme, des oreilles d'ours, le corps d'un vautour, des ailes de chauve-souris, et des griffes aux pieds et aux mains. Elles infectoient tout ce qu'elles touchoient : les plus connues s'appeloient Aëllo, Ocypète, et Célaéno.

L'Océan étoit regardé comme le père des fleuves, des rivières et des fontaines. Il épousa Thétys, fille du Ciel et de la Terre, dont il eut Nérée et Doris, qui se marièrent ensemble, et eurent un grand nombre de filles connues sous le nom de Nymphes. Ces Déesses ont des noms différents, selon la différence de leurs emplois.

Les Néréides sont les nymphes de la mer ;

Les Naïades, celles des fleuves, des rivières et des fontaines ;

Les Dryades, celles des campagnes :

> La froide Naïade
> Sort pour l'admirer,
> La jeune Dryade
> Cherche à l'attirer.
>   ROUSSEAU.

Les Hamadryades sont les nymphes des forêts; les Napées, celles des bocages et des prairies ; et les Oréades, celles des montagnes.

L'Océan eut encore un fils appelé Prothée, qui conduisoit les troupeaux de Neptune :

C'est ici que Prothée amène les troupeaux
   Du dieu qui règne sur les eaux ;
   Il se plaît sous ce frais ombrage :
L'avenir est pour lui sans ombre et sans nuage.
QUINAULT.

Prothée avoit une connoissance parfaite de l'avenir, sur lequel il ne s'expliquoit jamais que par force. Quand on vouloit l'y contraindre, il se changeoit en eau, en feu, en bête féroce, et sous toutes les formes qu'il pouvoit imaginer pour s'échapper des mains qui le retenoient :

Tel que le vieux pasteur des troupeaux de Neptune
Prothée, à qui le Ciel, père de la fortune,
   Ne cache aucuns secrets,
Sous diverses figures, arbre, flamme et fontaine,
S'efforce d'échapper à la vue incertaine
   Des mortels indiscrets.
ROUSSEAU.

Les poëtes placent encore au nombre des divinités maritimes, Glaucus, Eole, les Syrènes, les deux Scylla, Ino et Mélicerte.

Glaucus étoit un bon pêcheur, qui, voyant les poissons qu'il posoit sur une certaine herbe reprendre de la force et sauter dans l'eau, s'avisa de manger de cette herbe : aussitôt il se précipita dans la mer. Neptune le changea en Triton.

Eole, fils de Jupiter, étoit le dieu des vents, qu'il tenoit enchaînés dans le creux d'un rocher :

Qu'Eole en ses gouffres enchaîne
Les vents ennemis des beaux jours,
Qu'il dompte leur bruyante haleine,
Et ne permette qu'aux amours
De voler sur l'humide plaine.

ROUSSEAU.

Ce Dieu avoit un empire absolu sur les vents, qu'il gouvernoit à son gré. On le représente avec un sceptre de fer à la main, assis ou appuyé sur un rocher d'où les vents cherchent à s'échapper. On dit que sa fille Alcyone, et Ceyx son époux, dont elle pleuroit la mort, furent changés en Alcyons, oiseaux qui faisoient leurs nids sur la mer quand elle étoit calme. On se sert de cette fable pour désigner le retour du printemps:

Dans les champs que l'hiver désole;
Flore vient rétablir sa cour;
L'Alcyon fuit devant Eole,
Eole le fuit à son tour.

ROUSSEAU.

Ulysse, revenant du siége de Troie, fut très bien reçu d'Eole, qui lui fit présent de plusieurs outres qui renfermoient les vents. Ses compagnons eurent la curiosité d'y toucher; les vents s'échappèrent, et causèrent une tempête qui fit périr tous les vaisseaux d'Ulysse.

Eole avoit sa cour dans les îles Eoliennes, voisines de la Sicile. On représente les vents sous la figure de jeunes enfants aîlés; on les appelle les fils ou les sujets d'Éole.

Les Syrènes, filles de l'Océan et d'Amphitrite, étoient trois monstres, moitié femmes et moitié poissons, qui, par la douceur de leurs chants, attiroient les voyageurs, afin de les dévorer :

> Nos chants harmonieux forcent tout à se rendre,
> Nous disposons des cœurs à notre gré,
> Dès que nos voix se font entendre:
> Notre triomphe est assuré.
> FONTENELLE.

Ulysse évita cependant leurs piéges, par son adresse. Il se fit attacher au mât de son vaisseau, après avoir bouché les oreilles de ses compagnons. Par ce moyen, il eut l'avantage d'entendre le chant des Syrènes, sans en avoir rien à craindre : elles en furent désespérées au point qu'elles se précipitèrent dans la mer, où elles furent changées en rochers.

Carybde et Scylla étoient deux gouffres très voisins, au milieu desquels il falloit passer pour aborder en Sicile. Le passage étoit si dangereux, qu'il a donné lieu au proverbe *de tomber dans Carybde pour éviter Scylla*. Les poëtes disent que Scylla, fille de Phorcys, fut changée par Circé en un monstre environné de chiens toujours aboyants, et qu'elle se précipita dans la mer :

Il peint cette Scylla, dont les monstres avides
Engloutissent au fond de leurs gouffres perfides
Les nochers gémissants, et les tristes vaisseaux
D'Ulysse poursuivi par le tyran des eaux.
GRESSET.

Carybde ayant volé des bœufs à Hercule, fut précipitée dans la mer, et changée en un monstre qui dévoroit les passants :

L'une se cache sous sa roche,
Où tout nocher qui s'en approche
Trouve le trépas qui l'attend ;
L'autre dans sa soif renaissante,
Engloutit la mer mugissante,
Qu'elle revomit à l'instant.
LAMOTTE.

Athamas, roi de Thèbes, épousa Ino, fille de Cadmus et d'Hermione, dont il eut Léarque et Mélicerte. Il la répudia pour épouser Thémisto, dont il eut aussi deux fils. Cette femme ne pensoit qu'aux moyens de faire tomber la couronne à l'aîné de ses enfants, au préjudice de ceux d'Ino.

As-tu donc pu penser que, tranquille, je visse
Ton fils ravir au mien le trône d'Euridice ?
De son sang altéré, au sortir du berceau
J'ai voulu de ses jours éteindre le flambeau.
LA GRANGE-CHANCEL.

Thémisto prit pour sa confidente Ino même qu'elle ne connoissoit pas, et la chargea de donner des habits blancs aux deux plus jeunes enfants d'Athamas, et d'habiller les autres en noir. Ino fit tout le contraire, et Thémisto tua ses propres enfants. Elle reconnut son erreur, se perça de désespoir, et, dans une imprécation contre Athamas, elle annonça les malheurs que lui préparoit la haine de Junon :

Puisses-tu, comme-moi, sur ton fils, sur sa mère,
Porter, sans les connoître, une main sanguinaire !
Que la reine des cieux, dont le bras immortel
A proscrit de Cadmus tout le sang criminel,
Te change ces objets en des objets terribles,
Et ne te montre en eux que des spectres horribles !
Puissent-ils, arrivés où Junon les attend,
N'échapper à tes coups qu'en se précipitant !...
La Grange-Chancel.

Athamas, dans un accès des fureur, jeta contre un rocher Léarque, son fils aîné. Ino et Mélicerte prirent la fuite, et se précipitèrent dans la mer. Neptune en eut pitié, les changea en dieux marins, donna à Ino le nom de Leucotoé, en la plaçant parmi les nymphes, et celui de Palémon à Mélicerte, qu'il fit le Dieu des ports.

Les poëtes placent une divinité maritime dans chaque fleuve. Soit que ce soit un Dieu ou une nymphe, on les représente couronnés de joncs, appuyés sur une urne d'où coulent les eaux, et environnés de quelques attributs propres à indiquer le nom du fleuve, de la rivière ou de la fontaine que l'on veut représenter par cette divinité.

DIVINITÉS DES ENFERS.

PLUTON.

Pluton, troisième fils de Saturne et de Cybèle, régnoit dans les enfers. On prétend que, peu content de son sort, il se plaignoit du partage que Jupiter avoit fait du royaume de leur père :

Je suis roi des enfers, Neptune est roi de l'onde ;
  Nous regardons avec des yeux jaloux
    Jupiter plus heureux que nous ;
Son sceptre est le premier des trois sceptres du monde.
                    QUINAULT.

On assure qu'aucune Déesse ne vouloit épouser Pluton, à cause de sa laideur, et de l'obscurité de son royaume. Il prit le parti d'enlever Proserpine, fille de Cérès, un jour qu'elle s'amusoit à cueillir des fleurs dans les campagnes de Sicile :

    O mes compagnes ! ô ma mère !
    O vous, maître des dieux, mon père !...
    Cris impuissants et vains regrets !
    Au char la terre ouvre une voie,
    Et déjà le Styx voit la proie
    Que Pluton enlève à Cérès.
                LAMOTTE.

Cérès chercha sa fille par tout le monde ;

et la trouva enfin aux enfers, où elle descendit, sur la parole de la nymphe Aréthuse. Cyané avoit vu l'enlèvement; mais elle perdit la voix, et fut changée en ruisseau, au moment qu'elle alloit instruire Cérès du sort de Proserpine :

Ah ! quel malheur nouveau !
Cyané perd la voix, et n'est plus qu'un ruisseau.
. . . .
. . . .
Les dieux n'ont pu souffrir qu'une nymphe sincère
　　M'ait découvert mes ennemis secrets ;
Je ne saurai donc pas sur qui lancer des traits
　　De ma juste colère.
　　　　　　　　QUINAULT.

Proserpine s'étoit déjà accoutumée dans ce sombre royaume ; elle refusa de suivre sa mère. Cérès, ne pouvant la persuader, eut recours à l'autorité de Jupiter, qui s'engagea de la lui rendre, si elle n'avoit rien mangé depuis son enlèvement. Ascalaphe, fils de la Nuit et de l'Achéron, soutint que Proserpine avoit pris sept grains de grenade :

Proserpine a goûté des fruits de votre empire ;
　　Elle est à vous, on ne peut vous l'ôter ;
Aux arrêts du Destin les dieux doivent souscrire,
　　C'est vainement qu'on y veut résister.
　　　　　　　　QUINAULT.

Pluton est représenté sur un char tiré par des chevaux noirs, portant une couronne d'ébène sur la tête, et des clés à la main. Quelquefois on lui donne pour sceptre un bident. Son royaume est communément appelé le séjour des ombres ou des morts;

> Là, règne en un morne de silence
> Ce tyran aux sevères traits,
> Près de la beauté dont l'absence
> Coûta tant de pleurs à Cérès.
> La douleur, la faim, le carnage,
> Le désespoir l'aveugle rage,
> Sont ses ministres odieux;
> Et, pour plaire aux lois du Ténare,
> Se disputent l'honneur barbare
> De mieux peupler les sombres lieux.
> LAMOTTE.

L'empire de Pluton contenoit l'Elysée, ou le séjour des hommes vertueux; et le Ténare ou le Tartare, lieu destiné aux supplices des scélérats. Cinq fleuves fermoient cet empire; et Cerbère, chien à trois têtes, faisoit la garde à la porte:

> Qu'entends-je ? le Tartare s'ouvre;
> Quels cris ! quels douloureux accents !
> A mes yeux la flamme y découvre
> Mille supplices renaissants.
> Là, sur une rapide roue,
> Ixion, dont le ciel se joue,
> Expie à jamais son amour:
> Là, le cœur du géant rebelle
> Fournit une proie éternelle
> A l'avide faim du vautour.
> LAMOTTE.

Ixion, roi des Lapithes, étoit attaché avec des serpents à une roue qui tournoit sans cesse. Il avoit prétendu se faire aimer de Junon. On dit encore que, par le moyen d'une trape, il avoit fait tomber Déionée, son beau-père, dans un brasier ardent.

Tityus, géant dont le corps couvroit un espace de neuf arpents, fut tué par Apollon et Diane, pour avoir insulté Latone. Jupiter le fit enchaîner aux enfers, où un vautour lui déchiroit le foie, qui renaissoit toujours:

> Autour d'une tonne percée,
> Se lassent ces nombreuses sœurs
> Qui sur les frères de Lyncée
> Vengèrent de folles terreurs.
> Sur cette montagne glissante
> Elevant sa roche roulante,
> Sisyphe gémit sans secours :
> Et plus loin cette onde fatale
> Insulte à la soif de Tantale,
> L'irrite et le trahit toujours.
> LAMOTTE.

Les Danaïdes étoient condamnées à remplir d'eau un tonneau percé. Elles étoient cinquante, filles de Danaüs, qui épousèrent les cinquante fils d'Egyptus leur oncle. Danaüs avoit appris de l'oracle que ses gendres le détrôneroient. Il ordonna à ses fille d'égorger leurs maris, la première nuit de leurs noces. Hypermnestre fut la seule qui refusa d'obéir, en sauvant la vie à Lyncée :

> Chante cette épouse empressée,
> Dont Minos condamna les sœurs,
> Qui, saintement parjure, osa sauver Lyncée
> De leurs parricides fureurs.
>
> LAMOTTE.

Danaüs étoit roi d'Argos, et fils de Bel ou Bélus; ce qui fait donner quelquefois aux Danaïdes le nom de Bélides.

> Tel qu'au séjour des Euménides
> On nous peint ce fatal tonneau,
> Des sanguinaires Danaïdes
> Châtiment à jamais nouveau :
> En vain ces sœurs veulent sans cesse
> Remplir la tonne vengeresse;
> Mégère rit de leurs travaux :
> Et, par l'une et l'autre ouverture,
> L'onde entre et fuit à flots égaux.
>
> LAMOTTE.

Sisyphe, fils d'Éole, fameux brigand, fut tué par Thésée, et condamné à rouler au haut d'une montagne escarpée un rocher qui retomboit sans cesse.

Tantale, fils de Jupiter et de la nymphe Plota, voulant éprouver les Dieux, leur avoit servi les membres de Pélops son fils. Il étoit plongé dans l'eau jusqu'au menton, et une branche chargée de fruits exquis paroissoit auprès de sa bouche. Ce scélérat, condamné à une faim et une soif éternelles, voyoit l'eau se retirer quand il vouloit boire, et la branche d'arbre se redresser dès qu'il croyoit en approcher.

Toutes les ombres condamnées à habiter le Tartare étoient la proie du feu et des serpents; dévorées par la douleur, la rage, le désespoir, les remords, et tourmentées sans relâche par mille monstres affreux :

> Et vous, troupe savante en noires barbaries,
> Filles de l'Achéron, Pestes, Larves, Furies,
> Frères, sœurs, si jamais notre commerce étroit
> Sur vous et vos serpents me donna quelque droit,
> Sortez de vos cachots avec les mêmes flammes
> Et les mêmes tourments dont vous gênez les ames.
> Pierre Corneille.

Les Furies, ou les Euménides, présidoient aux supplices dont on punissoit les méchants. Elles étoient trois, filles de l'Achéron et de la Nuit. On les appeloit Alecton, Mégère, et Tisiphone. Leur seul aspect faisoit trembler : elles étoient coiffées de couleuvres, et toujours armées de serpents et de torches ardentes :

> Monarque esclave de Pluton,
> Va, tu changeras de langage,
> Quand tes yeux verront Alecton
> Qui veille en ce sombre rivage.
> Ajax la vit; il tremble encor :
> Pâris la craint auprès d'Hector :

Elle est pire que les Chimères ;
D'un flambeau toujours allumé
Son bras sanguinaire est armé,
Et son front monstrueux est orné de vipères.
ROUSSEAU.

En arrivant aux enfers, les ames, appelées communément ombres ou mânes, trouvoient Caron, vieillard dur et inflexible, fils de l'Erèbe et de la Nuit, lequel étoit chargé de leur faire passer les fleuves dans une barque où l'on n'entroit point sans payer :

Vous qui voulez passer, venez, mânes errants,
Venez, avancez, tristes ombres ;
Payez le tribut que je prends,
Ou retournez errer sur ces rivages sombres.
QUINAULT.

De-là vient que les Grecs et les Romains mettoient une obole dans la bouche de leurs morts. Quand les corps n'avoient pas été inhumés, leurs ombres erroient cent ans sur le rivage, avant que Caron les reçût dans sa barque ; et c'étoit pour elles un grand supplice.

Les fleuves qui environnoient les enfers étoient le Styx, le Cocyte, l'Achéron, le Léthé et le Phlégéton :

Fleuves affreux, qui, par vos noirs torrents,
Défendez le retour des royaumes funèbres ;
Par les Mânes plaintifs sur vos rives errants,
Par vos éternelles ténèbres,

Par les serments des dieux, dont vous êtes garants,
  Ecoutez-nous, dieux redoutables ;
Que nos vœux, que nos cris vous trouvent favo-
  rables.   LAMOTTE.

Le Styx, le plus célèbre de tous ces fleuves, faisoit sept fois le tour des enfers. Quand les Dieux avoient juré par ses eaux, ils n'osoient point être parjures ; et si quelqu'un d'eux révoquoit ce serment, *J'en jure par le Styx*, il étoit privé de la divinité pendant cent ans :

  Le Styx... est certain fleuve
  Qu'on trouve en allant en enfer,
Dont, après le trépas, chaque mortel s'abreuve,
De peur que des défunts la bile ne s'émeuve,
  A cause du changement d'air.
  Pour la moindre petite chose
  Qu'un dieu l'atteste faussement,
  Il est irrémissiblement
  Dégradé de l'apothéose.
              BOURSAULT.

Le Cocyte environnoit le Tartare, et ne grossissoit que des larmes des méchants.

Achéron, fils du Soleil et de la Terre, ayant fourni de l'eau aux Titans, lorsqu'ils faisoient la guerre à Jupiter, fut précipité dans les enfers, et changé en fleuve. Ses eaux sont bourbeuses et amères.

Le fleuve Léthé est le même que le fleuve d'Oubli. Les ombres étoient obligées de boire de son eau, et aussitôt elles oublioient le passé.

> O vous que le sort livre à des maux déplorables !
> Venez chercher ici la fin de vos malheurs :
> Avec mes ondes favorables,
> J'en répands l'oubli dans les cœurs.
>
> LAMOTTE.

Le Phlégéton ne rouloit que des flammes liquides.

On parle souvent de l'Erèbe, fils du Chaos et de la Nuit, qui fut mis au nombre de ces fleuves, pour avoir secouru les Titans ; mais on le confond alors avec l'Achéron, ou avec quelqu'autre des cinq fleuves. Souvent on le prend pour la nuit même, ou pour le Dieu qui préside à cette nuit éternelle dont les affreuses ténèbres rendent si effrayant l'empire des morts.

Cerbère, chien à trois têtes, gardoit la porte des enfers et du palais de Pluton. Il caressoit tous ceux qui entroient, et dévoroit ceux qui vouloient sortir, ou qui se présentoient pour entrer avant leur mort. Hercule l'enchaîna, et s'en fit suivre jusque sur la terre, quand il retira des enfers Alceste, épouse d'Admète. Orphée l'endormit au son de sa lyre, quand il alla redemander à Pluton son épouse Euridice :

> A mes pieds s'abaisse Cerbère :
> J'ai calmé sa rage ordinaire ;

Ses regards ne menacent plus :
Ses oreilles sont attentives !
Et de ses trois gueules oisives
Les hurlements sont suspendues.

LAMOTTE.

Aussitôt que les Mânes étoient arrivés aux enfers, ils paroissoient devant les trois juges, Minos, Éaque et Rhadamante. Minos, fils de Jupiter et d'Europe, étoit le chef de ces juges : il tenoit une urne dans laquelle les destinées des hommes étoient renfermées. Éaque, fils de Jupiter et d'Egine, ayant perdu tous ses sujets par la peste, obtint que les fourmis de son royaume fussent changées en hommes, et les appela Myrmidons : ils suivirent Achille au siège de Troie. Ces deux juges avoient été sur la terre des rois judicieux, équitables, et on les crut dignes de juger tous les hommes :

Sous l'heureux ministère
Du vieux Éaque et de Minos son frère,
De Jupiter tous deux fils adorés,
Et tous deux rois sur la terre honorés.

ROUSSEAU.

Rhadamante, roi de Lycie, fils de Jupiter et d'Europe, ou d'Egire, avoit rendu ses sujets si heureux, qu'ils en firent un Dieu ; mais les poëtes disent que le Sort le nomma seulement pour aider Minos et Éaque à juger les ombres. Personne n'étoit dispensé de paroître devant ces juges, dont les arrêts s'exécutoient sur-le champ :

> Tu paroîtras au tribunal
> Où Minos, ce juge infernal,
> Chef du sénat les plus sévère,
> Minos soumet aux mêmes lois,
> Les vils esclaves et les rois ;
> Les mène aux champs heureux, ou les livre à
> Mégère,
> ROUSSEAU.

On place aussi aux enfers les trois Parques, Clotho, Lachésis et Atropos, filles de l'Enfer et de la Nuit. La vie des hommes, dont elles filent la trame, est entre leurs mains. Les différentes soies qu'elles emploient dans leur ouvrage, forment la différence des jours heureux et malheureux :

> Des Parques d'une même soie
> Ne dévident pas tous nos jours ;
> Ni toujours par la même voie
> Ne font les planètes leurs cours.
> MALHERBE.

Clotho tient la quenouille, Lachésis tourne le fuseau, Atropos coupe le fil avec des ciseaux. On leur adresse des vœux pour le bonheur et la conservation de la vie ; on prétend même que le sort des empires et des âges est entre leurs mains, et qu'elles en filent aussi les destinées :

> Déjà, pour accomplir ces fortunés présages :
> Les trois fatales sœurs, souveraines des âges,

Ont adouci leurs lois ; et Clotho prend encor
Le fuseau qui servit à filer l'âge d'or.
GRESSET.

Dans les évocations, on s'adresse à tout ce qui habite les enfers, comme à des divinités dont la puissance est suprême, ou qui ont seules le droit d'exécuter les arrêts que le Ciel prononce pour punir la malice des hommes :

 Dieux souverains des demeures profondes
 Que le Cocyte arrose dans ses ondes ;
 Pâles tyrans de ces lieux abhorrés
 Que l'œil du jour n'a jamais éclairés ;
 Chaos, Erèbe, Euménides, Gorgones,
 Styx, Achéron, Parques et Tisiphones,
 Terrible Mort, effroi de l'univers ;
 Et si Pluton souffre encore aux enfers
 Quelque puissance aux mortels plus fatale,
 Que tardez-vous ? venez, troupe infernale,
 Puisque le Ciel à remis en vos mains
 Le châtiment des coupables humains.
ROUSSEAU.

Les poëtes placent aussi dans le royaume de Pluton les Champs-Élysées, qui sont le séjour des hommes vertueux. Le bonheur que l'on y goûte est parfait :

 Un ciel plus pur, des astres plus sereins,
 Furent créés pour ces champs souterrains.
 Ils ont aussi leurs soleils, leurs étoiles ;
 La nuit pour eux n'a point de tristes voiles :

Dans des forêts de lauriers toujours verts,
Sur des gazons de fleurs toujours couverts,
Parmi les jeux, ces ombres fortunées
Coulent en paix les saintes destinées.
ROUSSEAU.

La beauté de ce séjour ne suffiroit point pour rendre les hommes heureux, s'ils portoient encore au-dedans d'eux-mêmes ces passions qui les tourmentent, et s'ils n'étoient pas à l'abri de tout ce qui contribue à rendre la vie malheureuse, ou même moins agréable :

Hors des atteintes de l'envie,
Le sort qu'on goûte en ces climats
N'est plus, ainsi que notre vie,
La triste attente du trépas :
Jouissant de tout ce qu'il aime,
Chacun porte le plaisir même
Peint sur un visage riant :
Et les cœurs, fermés à la plainte,
Ignorent l'inquiète crainte,
Et le desir impatient.
LAMOTTE.

On n'accordoit ces récompenses qu'aux vertus véritables et au mérite distingué. On ne voyoit même dans ces lieux fortunés que les mânes de ceux qui s'étoient signalés ou par des faits héroïques, ou par des actions utiles à l'humanité :

Ceux qui jadis par des lois équitables
Ont adouci des peuples intraitables,

Ou qui, cherchant la guerre et les hasards,
Pour leur pays sont morts aux champs de Mars.
ROUSSEAU.

Les poëtes confondent assez communément Plutus avec Pluton. Ceux qui les distinguent disent également que Plutus est le Dieu des richesses, le même que les Phéniciens appeloient *Mammon* : mais ils ajoutent qu'il est fils de Cérès et de Jasion, ministre de Pluton; qu'il préside aux mines d'or et d'argent, et qu'il dispose à son gré des richesses. Tantôt on le fait boiteux, tantôt aveugle, et tantôt faisant un usage éclairé de ses dons :

Aimable dieu, de qui la main dispense
Ce qui rend les mortels heureux.
Votre vaste puissance
Réunit pour vous tous les vœux :
En vous cherchant, la peine devient chère ;
On se fait de vous voir le plus charmant plaisir :
Le bonheur même de vous plaire
En irrite encor le desir.
LAMOTTE.

SECONDE PARTIE DE LA FABLE.

Dieux du second ordre.

La terre avoit ses Dieux, ainsi que le ciel, la mer et les enfers; mais ils n'étoient que des Dieux du second ordre. Leur nombre est si prodigieux, qu'il seroit difficile de les placer avec assez de méthode pour en faciliter l'intelligence. Nous les distinguerons en divinités terrestres, champêtres et domestiques. Les divinités allégoriques se trouveront avec les premières, parce que, sous le titre de divinités terrestres, nous ne comprendrons pas seulement celles qui habitent la terre, mais encore celles qui y ont quelque rapport. Ce sera sacrifier à la clarté un peu d'exactitude.

DIVINITÉS TERRESTRES.

Cérès, fille de Saturne et de Cybèle, présidoit aux moissons : elle avoit enseigné aux hommes l'agriculture. Les poëtes la confondent quelquefois avec Cybèle; elle en est cependant distinguée, et par ses emplois, et par ses attributs :

> Par mes soins, les champs de Cybèle,
> De fruits et de moissons viennent d'être couverts :
> De mes dons précieux la richesse nouvelle
> Brille par mes travaux en cent climats divers ;
> Et, quand de tant de biens j'ai comblé l'univers,
> Les dieux percent mon cœur d'une douleur mortelle.
> QUINAULT.

Elle se plaint ici de l'enlèvement de sa fille Proserpine, qu'elle chercha par toute la terre, sans prendre aucun repos. On dit qu'elle avoit placé sur le mont Etna deux flambeaux qui l'éclairoient dans ses courses. On la représente couronnée d'épis, tenant d'une main une faucille, et de l'autre une poignée d'épis mêlés de pavots.

Palès étoit la déesse des pâturages, des bergers et des troupeaux. On la confond souvent avec Cérès et Cybèle.

Pomone présidoit aux fruits. Elle étoit l'épouse de Vertumne, dieu de l'automne.

Flore, déesse des fleurs et du printemps, avoit épousé Zéphire. On la représente ornée de guirlandes, et portant une corbeille de fleurs. Ses fêtes s'appeloient les jeux floraux. Elles étoient célébrées par des femmes qui couroient et dansoient, un jour et une nuit, au son des trompettes. Celles qui remportoient le prix à la course, recevoient une couronne de fleurs.

Priape, fils de Vénus et de Bacchus, étoit

le dieu des jardins. On le représente avec la barbe et la chevelure fort négligées, et une faucille à la main :

Tous les ans, d'un lait pur une coupe t'est due,
Priape ; c'est assez pour un dieu tel que toi :
Si mon troupeau s'accroit, j'ornerai ta statue,
Et dans tous nos jardins nous chérirons ta loi.
GRESSET.

Comus étoit le dieu des festins, et présidoit aux fêtes et aux parures. On le représente avec un chapeau de fleurs, et portant un flambeau.

Momus, fils du Sommeil et de la Nuit, se fit chasser du ciel, en punition de ses plaisanteries :

Tu vois l'objet de la haine des Dieux,
  Dans le censeur de leurs caprices ;
Ils m'ont banni du ciel, et le maître des cieux
  Veut jouir en paix de ses vices.
  C'est toi désormais que je sers ;
Souffre que sur tes pas pour jamais je m'engage,
  Et que du nectar que je perds
  Ton vin charmant me dédomage.
LAMOTTE.

On prétend qu'il s'attacha à Bacchus. Son caractère satyrique et bouffon est désigné par les attributs avec lesquels on le représente : il démasque un visage, et tient une marotte à la main.

La Nuit est la déesse des ténèbres, et fille

du Ciel et de la Terre. On la représente en long habit de deuil, parsemé d'étoiles. Elle épousa l'Erèbe, dont elle eut Morphée, dieu du sommeil.

Ce Dieu n'est quelquefois considéré que comme le principal ministre du Sommeil, et chargé d'endormir les hommes en les touchant avec une plante de pavots, ensuite de leur présenter les songes sous différentes figures.

On dit que le Sommeil a son palais dans un antre inconnu, où les rayons du soleil ne peuvent pénétrer. La porte est garnie de pavots et d'herbes assoupissantes. Le fleuve d'Oubli roule doucement ses eaux autour de ce palais. Le Dieu repose sur un lit fermé de rideaux noirs, et environné par les Songes, divinités infernales qui lui sont subordonnées, et que l'on représente avec des ailes de chauves-souris. Les songes que l'on envoyoit aux hommes, passoient par deux portes différentes; l'une de corne, et l'autre d'ivoire. La première étoit pour ceux qui présidoient aux visions véritables : ceux qui ne formoient que de vaines illusions sortoient par la seconde.

Le Silence, que les Egyptiens appellent *Harpocrate*, et les Grecs *Sigallion*, est une divinité allégorique, représentée sous la figure d'un homme ou d'une femme, qui tient un doigt sur la bouche.

Thémis, fille du Ciel et de la Terre, est la déesse de la justice. Elle a eu deux enfants de Jupiter, la Loi et la Paix. On la représente avec un bandeau sur les yeux, tenant une balance d'une main, et de l'autre une épée :

> Je vois une auguste déesse,
> De qui la droite vengeresse
> Fait briller un glaive tranchant ;
> Dans sa gauche est une balance,
> Que ni fraude ni violence
> Ne forcent au moindre penchant.
> C'est Thémis ; oui, c'est elle-même :
> Orné de l'éclat le plus beau,
> Son front porte le diadême
> Que l'erreur prend pour un bandeau.
> LAMOTTE.

La Paix est représentée couronnée de laurier, portant d'une main une petite statue de Plutus, et de l'autre une branche d'olivier. Elle se réfugie dans le ciel, quand la guerre vient la chasser de la terre :

> Aimable Paix, vierge sacrée,
> Descends de la voûte azurée :
> Viens voir tes temples relevés,
> Et ramène au sein de nos villes
> Ces dieux bienfaisants et tranquilles
> Que nos crimes ont soulevés.
> ROUSSEAU.

La Paix étoit fille de Jupiter et de Thémis : elle porte souvent le nom d'Astrée. On dit qu'elle présidoit à l'âge d'or, et en faisoit tout le bonheur :

> Descends du ciel, divine Astrée ;
> Ramène-nous ces jours heureux,
> Où des mortels seule adorée,
> Seule tu comblois tous leurs vœux.
> LAMOTTE.

La Renommée a la charge d'annoncer à l'univers toutes les nouvelles, bonnes ou mauvaises, vraies ou fausses. On la représente avec des ailes, et sonnant de la trompette. On prétend qu'elle est toute couverte d'yeux et d'oreilles, et qu'elle a cent bouches. Les poëtes lui donnent assez souvent le nom de déesse aux cent voix :

> Quelle est cette déesse énorme,
> Ou plutôt ce monstre difforme,
> Tout couvert d'oreilles et d'yeux,
> Dont la voix ressemble au tonnerre,
> Et qui des pieds touchant la terre,
> Cache sa tête dans les cieux ?
>
> C'est l'inconstante Renommée,
> Qui, sans cesse les yeux ouverts,
> Fait sa revue accoutumée
> Dans tous les coins de l'univers :
> Toujours vaine, toujours errante,
> Et messagère indifférente
>
> Des vérités et de l'erreur,
> Sa voix, en merveilles féconde,
> Va chez tous les peuples du monde
> Semer le bruit et la terreur.
> ROUSSEAU.

La Fortune est représentée debout ou assise sur une roue qui tourne sans cesse, et qui est le symbole de son inconstance. Les poëtes disent qu'elle est chauve, aveugle, et la regardent comme l'arbitre souveraine de tous les événements humains :

> Pourquoi d'une plainte importune
> Fatiguer vainement les airs ?
> Aux jeux de l'aveugle Fortune
> Tout est soumis dans l'univers.
>
> Ainsi, de douceurs en supplices
> Elle nous promène à son gré :
> Le seul remède à ses caprices,
> C'est de s'y tenir préparé.
>
> BOILEAU.

Némésis, fille de Jupiter et de la Nécessité, étoit la déesse de la vengeance. On l'appelle aussi Adrastée. Elle punit ou récompense, selon le mérite, et venge les droits de l'équité. Ses châtiments les plus sévères sont pour les ingrats, et pour ceux qui abusent des dons de la Fortune, ou se laissent séduire par la flatterie :

Némésis vous observe, et frémit des blasphèmes
Dont rougit à vos yeux l'aimable Vérité :
N'attirez point sur vous, trop épris de vous-mêmes,
    Sa terrible équité.
C'est elle dont les yeux, certains, inévitables,
Percent tous les replis de nos cœurs insensés ;
Et nous lui répondons des éloges coupables
    Qui nous sont adressés.

ROUSSEAU.

On la représente avec des ailes, armée de serpents et de torches ardentes, et une couronne sur la tête.

L'Envie, fille de la Nuit, est représentée sous la figure la plus hideuse : un front ridé, un teint livide, un air sombre et sinistre, des yeux enfoncés, le regard inquiet, des vipères au lieu de cheveux, trois serpents d'une main, une hydre de l'autre, et un serpent monstrueux attaché sur son sein, qui la déchire et lui inspire son poison :

>Mais que vois-je, la noire Envi,
>Agitant ses serpents affreux,
>Pour ternir l'éclat de ma vie,
>Sort de son antre ténébreux :
>L'avarice lui sert de guide ;
>La malice au souris perfide ;
>L'imposture aux yeux effrontés,
>De l'enfer filles inflexibles,
>Secouant leurs flambeaux horribles,
>Marchent sans ordre à ses côtés.
>
>ROUSSEAU.

Le même poëte dit que ce monstre habite un antre creusé au pied du Parnasse. La description qu'il en fait est vive, animée, et dans le vrai caractère de cette divinité allégorique :

>Au pied du mont où le fils de Latone,
>Tient son empire, et du haut de son trône
>Dicte à ses sœurs les savantes leçons
>Qui de leurs voix régissent tous les sons,

La main du Temps creusa les voûtes sombres
D'un antre noir, séjour des tristes ombres,
Où l'œil du monde est sans cesse éclipsé,
Et que les vents n'ont jamais caressé.
Là, de serpents nourrie et dévorée
Veille l'Envie honteuse et retirée,
Monstre ennemi des mortels et du jour,
Qui de soi-même est l'éternel vautour,
Et qui, traînant une vie abattue,
Ne s'entretient que du fiel qui le tue.
Ses yeux cavés, troubles et clignotants,
De feux obscurs sont chargés en tout temps.
Au lieu de sang, dans ses veines circule
Un froid poison qui les gèle et les brûle,
Et qui de-là porté dans tout son corps;
En fait mouvoir les horribles ressorts.
Son front jaloux, et ses lèvres éteintes,
Sont le séjour des soucis et des craintes.
Sur son visage habite la pâleur,
Et dans son sein triomphe la douleur,
Qui, sans relâche à son ame infectée
Fait éprouver le sort de Prométhée.

La Discorde, chassée du ciel par Jupiter, est venue exciter encore plus de troubles parmi les hommes, qu'elle n'en causoit parmi les dieux. On la représente armée d'un flambeau, d'un serpent et d'un poignard. Elle ne respire que la fureur et les combats :

Ce monstre impétueux, sanguinaire, inflexible,
De ses propres sujets est l'ennemi terrible :
Aux malheurs des mortels il borne ses desseins.
Le sang de son parti rougit souvent ses mains.

Il habite en tyran dans les cœurs qu'il déchire ;
Et lui-même il punit les forfaits qu'il inspire.
Son haleine en cent lieux répand l'aridité :
Le fruit meurt en naissant dans son germe infecté ;
Les épis renversés sur la terre languissent :
Le ciel s'en obscurcit, les astres en pâlissent ;
Et la foudre en éclat qui gronde sous ses pieds,
Semble annoncer la mort aux peuples effrayés.
VOLTAIRE.

Tous les vices, toutes les passions et toutes les vertus deviennent, entre les mains des poëtes, autant de divinités allégoriques, dont le détail seroit infini, et conduiroit au delà des bornes prescrites dans cet ouvrage.

DIVINITÉS CHAMPÊTRES.

Pan, Diane, Apollon, les Faunes, les Sylvains,
Peuplent ici vos bois, vos vergers, vos montagnes.
La ville est le séjour des profanes humains ;
　　Les Dieux règnent dans les campagnes.
Rousseau.

Pan, fils de Mercure, tenoit le premier rang parmi les divinités champêtres. Il étoit l'inventeur de la flûte, et le dieu des bergers, des bois et des prairies :

Pan trouva le premier cet art ingénieux
De former sur la flûte un son harmonieux.
Pan règne sur nos bois ; il aime nos prairies ;
C'est le dieu des bergers et de leurs bergeries.
Gresset.

Il fut redevable de l'invention de la flûte à la métamorphose de Syrinx, nymphe d'Arcadie, qu'il poursuivit un jour.

Pour fuir le dieu des bois, plongée au fond des eaux,
Syrinx fut transformée en d'utiles roseaux.
Pan embrassoit les joncs qui cachoient sa bergère.
Il tira des soupirs de leur tige légère ;
Du Ménale, à l'instant, les fidèles échos
Répétèrent les sons des premiers chalumeaux.
Gresset.

On raconte que *Brennus* s'étant avancé à la

tête de ses Gaulois, pour piller le fameux temple de Delphes, Pan jeta l'épouvante dans cette armée, qui fut taillée en pièces : de-là vient l'expression de *Terreur Panique*, pour signifier une frayeur dont on est saisi sans raison.

Pan n'habitoit que les campagnes, et le mont Ménal, où il conduisoit souvent ses troupeaux, et passoit le jour à jouer de la flûte. Les Arcadiens l'honoroient particulièrement ; et on l'appelle presque toujours *le Dieu de l'Arcadie*. Il est représenté avec un air enflammé, des cornes à la tête, et la partie inférieure du corps semblable à un bouc : quelquefois on ne lui donne que la tête et les pieds de cet animal.

C'est ainsi que l'on représente encore les Satyres, les Faunes, les Sylvains, dont on dit que Pan est le père.

Le Dieu Sylvain présidoit aux bois et aux forêts. On le représente avec un cyprès à la main.

Faune, fils de Picus, roi des Latins, fut mis au nombre des Dieux champêtres, parce qu'il avoit contribué à perfectionner l'agriculture. Il est représenté sous la figure d'un Satyre. D'autres disent que ce Dieu étoit fils de Mercure et de la Nuit. Les poëtes confondent assez souvent Sylvain et Faune avec Pan ; et ils appellent indifféremment Satyres, Faunes ou Sylvains, toutes ces Divinités qui président aux campagues, aux prairies, aux bois, aux forêts, même aux arbres, et à l'aide desquelles ils viennent à bout d'ennoblir et de rendre plus agréables les images qu'ils nous tracent du séjour de la campagne. Ici les Satyres, avec les Nymphes des bois, forment sur le gazon mille danses légères; là des Sylvains forment une espèce de triomphe à Silène :

>Les Satyres tout hors d'haleine,
>Conduisent les Nymphes des bois,
>Au son du fifre et du hautbois
>Dansent par troupes dans la plaine;
>Tandis que les Sylvains lassés
>Portent l'immobile Silène
>Sur leurs tyrses entrelacés.
>   ROUSSEAU.

Si les bergers célèbrent leurs jeux, ils sont accompagnés de ces Divinités champêtres, qui tantôt président à leurs chants, et tantôt ne dédaignent point de danser au son de leurs voix :

>Quel Dieu sur leurs doux sons formera notre voix!
>Ne reverrons-nous plus paroître dans nos bois
>Les Faunes, les Sylvains, les Nymphes, les Dryades,
>Les Silènes tardifs, les humides Naïades,
>Et le dieu Pan lui-même, au bruit de nos chansons,
>Danser au milieu d'eux, à l'ombre des buissons.
>   ROUSSEAU.

L'Echo, qui répète leurs sons, est une Nymphe qui s'intéresse à leurs jeux, et semble regretter de ne pouvoir plus partager leurs innocents plaisirs.

La nymphe Echo, fille de l'Air et de la Terre, aimoit Narcisse qui n'étoit épris que de lui seul. Elle en sécha de douleur, et fut métamorphosée en rocher :

> La triste amante de Narcisse
> Ne se plaignoit de son caprice
> Qu'en répétant ses propres mots.
> Telle est l'impuissance où nous sommes ;
> Toujours muets sur les grands hommes,
> Dont nous sommes les vains échos.
> LAMOTTE.

Narcisse, fils de Céphise et de Liriope, se trouvoit si beau, qu'il n'aimoit que lui-même. Il fut métamorphosé en une fleur qui porte son nom :

> Au bord d'une fontaine
> Narcisse goûtoit le repos ;
> De lui-même une image vaine
> Se présente à lui dans les flots.
> Veut-il embrasser ce qu'il aime ?
> L'eau se trouble, et l'image fuit ;
> Quand elle reparoît, son plaisir est extrême ;
> En s'approchant encor, son espoir se détruit ;
> Toujours séparé de lui-même,
> Il s'échappe sans cesse, et toujours se poursuit.
> LAMOTTE.

DIEUX DOMESTIQUES.

Le nombre de ces Dieux, ainsi que le pouvoir qu'on leur attribuoit, dépendoit uniquement du caprice ou de la superstition des familles. Chaque maison, et même chaque appartement avoit ses Dieux domestiques. On les appeloit communément Lares, ou Pénates. Les uns présidoient aux royaumes et aux provinces; les autres aux villes et aux maisons : ceux-ci aux rues et aux carrefours; ceux-là aux portes et aux grands chemins. Les bornes qui séparent les champs étoient même regardées comme autant de divinités, que l'on appeloit les Dieux Termes.

Les Lares et les Pénates étoient fils de Mercure et de la nayade Lara, ou Larunde. On les honoroit sous la figure de petites statues; et on les invoquoit dans toutes les occasions où leur protection pouvoit être de quelque utilité, soit pour écarter les maux, soit pour obtenir des succès heureux.

Les Romains consacroient à leurs Dieux domestiques les anneaux, en forme de cœur, que les enfants portoient jusqu'à l'âge de quatorze ans.

Enée, prince Troyen, est célèbre par sa piété envers les Dieux, mais surtout pour avoir sauvé de l'incendie de Troie les Dieux tutélaires de cette ville.

Chaque personne avoit encore une divinité qui lui étoit propre, et que l'on appeloit *Génie*. Il naissoit avec l'homme, et périssoit avec lui. On distinguoit deux sortes de génies : les uns blancs, et de bon augure ; les autres noirs, et d'un mauvais présage : ce qui a donné lieu d'attribuer deux génies à chaque homme ; l'un qui le portoit au bien, et l'autre au mal. Le plus puissant l'emportoit.

TROISIÈME PARTIE DE LA FABLE.

Les Demi-Dieux et les Héros.

Persée tient un des premiers rangs parmi les héros et les demi-dieux. Il étoit fils de Jupiter et de Danaé. Acrise avoit fait enfermer sa fille unique dans une tour d'airain, sur une réponse de l'oracle, qui lui faisoit craindre de périr sous les coups de son petit-fils. Jupiter pénétra dans la tour, sous la forme d'une pluie d'or, c'est-à-dire, qu'il gagna les gardes à force d'argent. Danaé ayant mis au monde Persée, Acrise le fit enfermer dans un coffre, et jeter à la mer. Des pêcheurs le sauvèrent de la fureur des flots. A peine étoit-il en âge de se signaler, qu'il entreprit de combattre les trois Gorgones, Méduse, Euriale, et Sténone, qui désoloient le pays voisin du jardin des Hespérides. Il coupa la tête de Méduse.

Mais vous ne savez pas.... que son épée
De l'horrible Méduse a la tête coupée;
Que sous son bouclier il la porte en tous lieux,
Et que c'est fait de vous, s'il en frappe vos yeux.
On dit que ce prodige est pire qu'un tonnerre;
Qu'il ne faut que le voir pour n'être plus que pierre,
Et que naguère Atlas, qui ne s'en put cacher,
A cet aspect fatal devint un grand rocher.

Pierre Corneille.

Atlas, fils de Jupiter et de Climène, refusa de recevoir chez lui Persée, qui, pour s'en venger, lui montra la tête de Méduse, et le changea en une haute montagne : on dit qu'il soutient le ciel sur ses épaules, soit parce que le mont Atlas est fort élevé, soit parce qu'il y eut un célèbre astronome appelé *Atlas*.

Du sang de Méduse naquit le cheval Pégase, sur lequel Persée monta pour aller délivrer Andromède, attachée à un rocher où elle alloit être dévorée par un monstre marin, en punition du crime de sa mère Cassiope, épouse de Céphée, roi d'Egypte.

> Heureuse épouse, heureuse mère,
> Trop vaine d'un sort glorieux,
> Je n'ai pu m'empêcher d'exciter la colère
> De l'épouse du dieu de la terre et des cieux.
> J'ai comparé ma gloire à sa gloire immortelle ;
> La Déesse punit ma fierté criminelle.
>
> QUINAULT.

Persée pétrifia le monstre, et rendit Andromède à Céphée qui la lui donna pour épouse. Il se disposoit à de nouveaux exploits, quand il eut le malheur de tuer Acrise dans des jeux publics. Ayant appris que c'étoit son aïeul, il se condamna à l'exil ; mais Jupiter le plaça au ciel, parmi les constellations, avec Andromède et Cassiope :

> Et quand la nuit aura tendu ses voiles,
> Vos corps semés de nouvelles étoiles,

Du haut du ciel éclairant les mortels,
Leur apprendront qu'il vous faut des autels.
P. CORNEILLE.

On attribue les succès de Persée à la puissante vertu du bouclier qu'il avoit obtenu de Minerve. Les poëtes prétendent par-là nous donner dans ce demi-Dieu le modèle d'un héros dont la prudence guide la valeur.

> Le plus vaillant guerrier s'abuse
> D'oser tout espérer de l'effort de son bras ;
> Si vous voulez vaincre Méduse,
> Portez le bouclier de la sage Pallas.
> Que la vertu et la prudence,
> Quand elles sont d'intelligence,
> Achèvent d'exploits glorieux !
> Le monstre le plus furieux
> Leur fait vainement résistance.
QUINAULT.

HERCULE étoit fils de Jupiter et d'Alcmène, épouse d'Amphitrion. Electrion, roi de Mycènes, père d'Alcmène, ayant perdu tous ses fils dans une irruption que Ptérélaüs, roi de Télèbe, avoit faite sur ses terres, laissa son royaume et sa fille à Amphitrion. Alcmène promit d'épouser celui qui vengeroit la mort de ses frères. Amphitrion remplit cette condition par la perfidie de Comètho, fille de Ptérélaüs : elle arracha le cheveu d'or que son père avoit sur la tête, et auquel ses jours étoient attachés.

Tandis qu'Amphitrion étoit occupé à la guerre de Thèbes, Jupiter vint tromper Alcmène, sous la forme de son mari, à laquelle il annonça cette brillante destinée :

Chez toi doit naître un fils qui, sous le nom
  d'Hercule,
Remplira de ses faits tout le vaste univers.
L'éclat d'une fortune en mille biens féconde,
Fera connoître à tous que je suis son support ;
  Et je mettrai tout le monde
  Au point d'envier ton sort.
  Tu peux hardiment te flatter
  De ces espérances données ;
  C'est un crime que d'en douter.
  Les paroles de Jupiter
  Sont des arrêts des destinées.
MOLIÈRE.

Junon épuisa tous les efforts de sa haine contre ce fils de Jupiter. Elle fit naître Eurystée avant lui, afin qu'en qualité d'aîné il eût une sorte d'empire sur son frère. Elle envoya deux serpents qui, se glissant dans le berceau d'Hercule, alloient le dévorer, mais il les mit en pièces de ses propres mains :

  Les premiers instants de sa vie,
  De la Discorde et de l'Envie
  Verront éteindre le flambeau.
  Il renversera leurs trophées ;
  Et leurs couleuvres étouffées
  Seront les jeux de son berceau.
ROUSSEAU.

Quelques poëtes prétendent qu'à la prière de Pallas, Junon s'adoucit un peu en faveur d'Hercule ; qu'elle lui donna même de son lait, et qu'il en laissa tomber assez pour former cette tache blanche que l'on voit au ciel, et qu'on appelle *la voie lactée*. Quoi qu'il en soit, ce héros n'en fut pas moins exposé toute sa vie aux effets de la haine de l'implacable Junon, qui excita Eurysthée à exiger de lui des travaux aussi difficiles que dangereux, et dans lesquels elle espéroit de le voir périr : on en compte douze principaux, appelés communément *les travaux d'Hercule*; nom que l'on donne souvent aux entreprises qui demandent autant de patience que de courage.

D'abord, il falloit tuer le lion de la forêt de Némée, qui ravageoit tout le pays. Hercule l'attaqua; et, l'ayant forcé de se retirer dans un antre d'où il ne pouvoit trouver le moyen d'échapper, il le prit à la gorge et l'étouffa. Hercule porta toujours la peau de ce lion comme un monument de sa première victoire.

Un serpent, plus épouvantable que ce lion, étoit dans le marais de Lerne, près d'Argos, ville du Péloponèse : c'étoit une hydre effroyable, qui avoit sept têtes, et, quand on lui en coupoit une, il en naissoit aussitôt plusieurs autres à sa place : Hercule les abattit toutes d'un seul coup de sa massue.

Un sanglier terrible étoit sur le mont Erimanthe, et ravageoit les champs de l'Arcadie : Hercule le prit, et le présenta tout vivant à Eurysthée.

Une biche, qui avoit les pieds d'airain et des cornes d'or, ne nuisoit pas moins aux campagnes voisines du mont Ménale, qui est en Arcadie : Hercule la poursuivit pendant une année entière, et la perça de ses flèches.

Des oiseaux, d'une grandeur et d'une force extraordinaires, habitoient les bords du lac Stymphale, en Arcadie, et déchiroient les passants : Hercule les fatigua à la course, et les chassa pour jamais du pays.

Il acquit encore plus de gloire, par la défaite des Amazones qu'il attaqua auprès du fleuve Thermodon. Les Amazones étoient des femmes guerrières, qui habitoient la Scythie. Elles élevoient leurs filles dans l'exercice des armes : elles estropioient ou tuoient leurs enfants mâles.

Hercule délivra la terre de deux tyrans très-cruels : le premier, nommé Diomède, roi de Thrace, faisoit dévorer par des chevaux furieux tous les étrangers qui abordoient dans ses Etats : le second, appelé Busiris, étoit roi d'Egypte, fils de Neptune et de Lybie. Il immoloit à Jupiter tous les étrangers, et préparoit à Hercule le même sort.

Gérion, roi d'Espagne, égaloit ces tyrans en cruauté : il nourrissoit de chair humaine des bœufs qu'il faisoit garder par un chien à trois têtes, et par un dragon qui en avoit sept. Hercule tua ces monstres, et Gérion lui-même, qui avoit trois corps, à ce que l'on disoit, soit parce qu'il étoit maître des trois îles que nous appelons aujourd'hui Majorque, Minorque et Evisse, soit parce qu'il y avoit trois frères de ce nom, si bien unis, qu'ils sembloient ne faire qu'un seul homme.

Hercule signala sa force et son adresse, en nettoyant les écuries d'Augias, roi d'Elide, fils du Soleil : elles répandoient l'infection dans toute la Grèce ;

En domptant un taureau féroce, que Neptune, dans sa colère, avoit produit pour la ruine entière de la Grèce ;

En soutenant le ciel sur ses épaules, à la place d'Atlas, qui lui cueilloit les pommes d'or du jardin des Hespérides.

Ces douze travaux heureusement terminés, Hercule, que l'on appelle souvent Alcide, parcourut l'univers pour le purger des monstres et des tyrans, et pour soulager les malheureux :

Aux coupables mortels Alcide fait la guerre;
Dans le sein des tyrans il porte le trépas.
   Et pour en délivrer la terre,
   Le foudre est moins fort que son bras.
LAMOTTE.

Hercule délivra l'Italie de Cacus, voleur insigne, fils de Vulcain. Il détacha Prométhée, et tua le vautour qui lui déchiroit le foie. Il attaqua Antée, fils de Neptune et de la Terre, qui habitoit les déserts de la Lybie, où il massacroit les passants, pour accomplir le vœu qu'il avoit fait à Neptune de lui bâtir un temple avec des crânes d'hommes. Hercule s'apercevant qu'il le terrassoit en vain, parce que la terre lui donnoit de nouvelles forces, l'éleva en l'air et l'étouffa.

Il entreprit ensuite la jonction de l'Océan avec la Méditerranée ; ce qu'il exécuta en séparant les deux montagnes Calpée et Abyla, pour former un détroit qui est celui de Gibraltar : ces deux montagnes, dont la première est dans l'Andalousie, et la seconde sur la côte d'Afrique, s'appellent *les Colonnes d'Hercule*. Ce héros, voulant les faire servir de monuments à sa gloire, y grava cette inscription : *Non plus ultrà*. « On ne peut aller au-delà ».

L'oracle avoit ordonné que, pour apaiser Apollon et Neptune, irrités contre Laomédon, roi de Troie, on exposeroit tous les ans une jeune Troyenne au monstre qui désoloit la Troade. Le sort tomba sur Hésione, fille de Laomédon. Hercule convint avec ce prince de la délivrance d'Hésione ; ce qu'il exécuta, en tuant le monstre. Mais le parjure Laomédon, refusant de donner les chevaux qu'il avoit promis, fut tué; et les murs de Troie furent renversés par la main d'Hercule :

L'ingrat Laomédon, digne de son malheur,
De l'invincible Hercule éprouva la valeur.
La Grange-Chancel.

La peste ravageoit la Thessalie, où régnoit Admète; et la foudre avoit ouvert un abîme dans lequel on précipitoit, chaque année, celui que le sort désignoit, ou qui se dévouoit lui-même à la mort :

Le Ciel pour apaiser sa haine,
Ou volontairement, ou par le choix du sort,
Exige tous les ans une victime humaine,
Jusqu'à ce que l'amour triomphe de la mort.
La Grange-Chancel.

Alceste ayant appris que le sort étoit tombé sur Admète son époux, se présenta pour accomplir l'oracle :

De l'honneur que j'obtiens ne soyez point jaloux :
Je fais bien plus pour moi que je ne fais pour vous :
En assurant vos jours, j'assure ma mémoire;
Je contente à la fois mon amour et ma gloire;
Et c'est pour une épouse un triomphe bien doux,
Qu'un Dieu ne puisse aller où je descends pour vous.
La Grange-Chancel.

Admète vouloit périr; mais Alceste, trompant les soins que l'on prenoit pour elle, se précipita dans l'abîme. Ce fut dans ces tristes circonstances qu'Hercule vint voir Admète. Touché de la douleur de son ami, et sensible à l'amitié, il prit une résolution digne de son courage :

Montrons que Jupiter nous a donné le jour ;
Par l'abîme profond, voisin de ce séjour,
Le ciel m'offre un passage aux rives ténébreuses ;
Etendons jusque-là mes conquêtes heureuses,
Surpassons la croyance ; et, malgré les destins,
Allons finir les maux d'un ami que je plains.
La Grange-Chancel.

Hercule se jette dans l'abîme, arrive sur les bords du Styx, force Caron de le recevoir dans sa barque, enchaîne Cerbère, enlève Alceste, malgré Pluton, et la rend à son époux :

  Ainsi, traversant Achéron,
  Hercule fit peur à Caron,
  Quand sa pesanteur immortelle
  Fit trop enfoncer sa nacelle.
Voiture.

Junon conservoit toujours la haine qu'elle avoit conçue contre Hercule, parce qu'il étoit fils de Jupiter. Voyant que les dangers ne servoient qu'à augmenter la gloire d'un héros qu'elle n'avoit pu faire périr, elle s'adresse à Cupidon :

Dieu puissant, venge-moi d'un mortel qui m'ou-
  trage ;
Son cœur, dès le berceau, triomphe de ma rage :
Ma honte et mon dépit croissent par ses travaux ;
Blesse Alcide ; il est temps de vaincre ce héros..
Lamotte.

Hercule laissa amollir son courage ; et bientôt on le vit filer aux pieds d'Omphale, reine des Lidiens, qui se plaisoit à voir le vainqueur de l'univers armé d'une quenouille, habillé en femme, et confondu parmi ses suivantes. Cependant elle ne put l'emporter sur Déjanire, fille d'OEnée, roi de Calydon, et sœur de Méléagre, que le fleuve Achéloüs vouloit épouser. Hercule vainquit ce rival, et obtint Déjanire, qu'il emmena chez lui. Il fut arrêté sur les bords du fleuve Evène : le centaure Nessus s'offrit de passer la princesse ; son projet étoit de l'enlever : Hercule s'en apercevant, le perça d'une flèche. Nessus, près d'expirer, trempa un voile dans son sang, et le donna à Déjanire, en l'assurant qu'il avoit la vertu d'empêcher que son époux ne s'attachât à quelqu'autre. Cette femme crédule apprit dans la suite qu'Hercule aimoit Iole :

Ne te souvient-il plus du voile inestimable
Que Nessus expirant remit entre tes mains ?
Du sang dont il est teint la vertu redoutable
Peut renverser les projets des humains.

CAMPISTRON.

Déjanire envoya ce voile à Hercule, et le pria de s'en couvrir pendant le sacrifice qu'il se proposoit de faire sur le mont Oëta, en Thessalie :

Voile fatal ! poison dont je suis dévoré,
Brûlerez-vous sans cesse un cœur désespéré ?

Laissez-moi respirer ! tout est sourd à mes plaintes,
Hélas ! tout me trahit en ces cruels moments,
   Et mes tourments,
Bien loin de s'affoiblir redoublent leurs atteintes.
CAMPISTRON.

Hercule sentoit un feu dévorant qui couloit dans ses veines. Pour finir ce supplice, il se jeta sur le bûcher qu'il avoit préparé. Philoctète renferma dans une urne les cendres de ce héros, qui lui avoit remis les flèches teintes du sang de l'hydre de Lerne, sans lesquelles on ne pouvoit prendre la ville de Troie. Hercule fut mis au rang des Dieux, et placé dans le ciel, où il épousa Hébé, déesse de la jeunesse. On le représente couvert de la peau d'un lion et armé d'une massue. Les poëtes nous ont donné dans Hercule le modèle d'un héros supérieur à tous les dangers.

THÉSÉE, fils d'Egée, roi des Athéniens, fut tout à la fois parent et contemporain d'Hercule. On l'éleva secrètement, pour le soustraire à la persécution des fils de Pallante ; ce qui fait dire à Egée :

Mes perfides neveux, les cruels Pallantides,
Désavouoient en moi le sang des Erecthides ;
Comme fils supposé, faisoient tout leur effort
Pour me priver du trône en conspirant ma mort.
Pour les jours de mon fils redoutant leur furie,
Loin de moi son enfance en secret fut nourrie :

Près des murs de Trézène, un berger en prit soin
Dans un lieu solitaire, et presque sans témoin;
Et sur-tout je voulus, par un ordre sévère,
Qu'il lui tût sa naissance, et passât pour son père,
Et, pour ne rien omettre, en ce péril pressant,
Un fer marqué du nom qu'il reçut en naissant,
Fut mis alors par moi sous un autel champêtre,
Afin qu'en le montrant il se fît reconnoître.
DE LA FOSSE.

C'est à ce signe que Thésée fut reconnu par Egée, qui le chargea d'abord de le délivrer de toute la famille de Pallante:

De Pallante à la fois il proscrit la maison,
Et veut que j'en détruise et la race et le nom.
Je ne puis trop permettre à mon zèle homicide;
Et ses vœux sont trahis, s'il reste un Pallantide.
DE LA FOSSE.

Aricie échappa seule au massacre de sa famille:

Reste du sang d'un roi, noble fils de la Terre,
Je suis seule échappée aux fureurs de la guerre;
J'ai perdu, dans la fleur de leur jeune saison,
Six frères; quel espoir d'une illustre maison!
Le fer moissonna tout, et la terre humectée
But à regret le sang des neveux d'Erecthée.
RACINE.

Thésée se proposa de marcher sur les pas d'Hercule: toute son ambition étoit de mériter la gloire de lui être comparé. Il exerça son courage contre les tyrans qui mettoient tous leurs soins à faire des malheureux, et s'appliqua particulièrement à délivrer la terre des monstres qui la désoloient :

Résolu de périr par un noble trépas,
Jaloux du nom d'Hercule, et marchant sur ses pas;
J'entrepris de venger et d'affranchir la terre
De monstres, de méchants échappés au tonnerre.
DE LA FOSSE.

Il tua Scyrron et Procustes, fameux brigands, dont le premier s'occupoit à précipiter les passants dans la mer : le second recevoit chez lui tous les étrangers, les faisoit étendre sur un lit de fer, et leur coupoit la partie des jambes qui en excédoit la longueur, ou les écarteloit.

Cercyon attachoit les voyageurs à de gros arbres qu'il courboit et unissoit ensemble; il les laissoit ensuite se rétablir, et ces malheureux étoient mis en pièces : Thésée lui fit souffrir le même supplice. On rapporte la même chose de Sinnis, qui désoloit les campagnes de Corinthe.

Il coupa et dispersa les membres de Périphète, qui ne se nourrissoit que de chair humaine. Ce monstre est connu sous le nom du géant d'Epidaure, ville du Péloponnèse. Thésée délivra les campagnes de Marathon, ville de l'Attique, d'un taureau furieux ; et l'Etolie, d'un sanglier envoyé par Diane :

Ce héros intrépide
Consolant les mortels de l'absence d'Alcide;

Les monstres étouffés, et les brigands punis ;
Procustes, Cercyon, et Scyrron, et Sinnis,
Et les os dispersés du géant d'Epidaure,
Et la Crète fumant du sang du Minotaure.
RACINE.

Le Minotaure étoit un monstre moitié homme et moitié taureau, que les poëtes feignent avoir été mis au monde par Pasiphaé, épouse de Minos, roi de Crète. Ce prince, pour venger la mort de son fils Androgée, que les jeunes gens d'Athènes avoient tué, parce qu'il remportoit toujours sur eux le prix des jeux publics, obligea les Athéniens de lui envoyer chaque année sept de leurs enfants, choisis par le sort, pour être dévorés par le Minotaure. Thésée, tout jeune encore, forma le généreux projet d'affranchir sa patrie de ce tribut honteux et cruel :

Ce monstre, homme et taureau, qu'un fol amour
    fit naître,
Qui du sang des humains brûloit de se repaître,
Sous le fer de Thésée enfin perdit le jour.
Le héros tient le fil qui trace son retour ;
Tandis qu'un peu plus loin Ariane tremblante
Craint que le sort cruel ne trompe son attente ;
Les yeux au labyrinthe, et les mains vers les cieux,
Au secours de Thésée elle appelle les Dieux.
LAMOTTE.

Le Minotaure étoit renfermé dans un labyrinthe dont il n'étoit pas possible de trouver l'issue. Ariane, fille de Minos, facilita l'entreprise de Thésée, en lui donnant un peloton de fil, par le moyen duquel il lui fut aisé de revenir sur ses pas, après avoir tué le Minotaure.

Ce labyrinthe est célèbre parmi les poëtes : ils l'appellent souvent *le Dédale*, du nom de celui qui l'avoit bâti. C'étoit un composé de bosquets et de bâtiments disposés avec tant d'art, qu'il n'étoit plus possible d'en sortir, dès qu'on y étoit entré. Minos y renferma Dedale avec Icare ; mais ce célèbre artiste trouva le moyen d'échapper, en attachant des ailes à ses épaules et à celles de son fils :

> O que ne puis-je, sur les ailes
> Dont Dédale fut possesseur,
> Voler aux lieux où tu m'appelles,
> Et de tes chansons immortelles
> Partager l'aimable douceur !
> Mais une invincible contrainte,
> Malgré moi, fixe ici mes pas.
> Tu sais quel est ce labyrinthe,
> Et que, pour aller à Corinthe,
> Le seul desir ne suffit pas.
>
> ROUSSEAU.

Dédale avoit recommandé à son fils de ne voler ni trop haut ni trop bas, de peur que le soleil ne fondît la cire qui attachoit ses ailes, ou que les vapeurs de la mer ne rendissent les plumes trop humides. Ce jeune téméraire, oubliant un avis si sage, s'éleva au haut des airs, tomba, et donna son nom à la mer Icarienne :

> Quand je devrois, nouvel Icare,
> De ma chute orgueilleuse étonner l'univers,
> Je veux, sur les pas de Pindare,
> M'élever jusque dans les airs.
> La Grange-Chancel.

En partant pour son expédition contre le Minotaure, Thésée avoit promis à son père de changer les voiles de son vaisseau, s'il revenoit vainqueur. La joie lui fit oublier cette convention. Egée, voyant de loin des voiles noires, crut qu'il avoit perdu son fils, et se précipita dans la mer.

Pirithoüs, roi de Thessalie, piqué de jalousie contre Thésée, ravagea une de ses provinces, pour l'attirer à un combat singulier, qui fut accepté. Mais la douceur de Thésée changea cette haine en une amitié sincère. Ils allèrent ensemble combattre les Centaures, qui avoient tué un grand nombre de Lapithes aux noces de Pirithoüs et d'Hippodamie :

> Laissons aux Scythes inhumains
> Mêler dans leurs banquets le meurtre et le carnage ;
> Les dards du Centaure sauvage
> Ne doivent point souiller nos innocentes mains.
> Rousseau.

Les Centaures étoient si bons cavaliers, qu'ils sembloient ne faire qu'un même corps avec leurs chevaux; ce qui a donné lieu aux poëtes de feindre qu'ils étoient moitié homme et moitié cheval. Les Lapithes habitoient la Thessalie, et tiroient leur nom de Lapithe, fille d'Apollon. Ces géants étoient si vains, que leur orgueil avoit passé en proverbe : on disoit, *aussi arrogant* ou *plus arrogant qu'un Lapithe.*

Vingt-quatre ans avant la prise de Troie, Thésée et Pirithoüs enlevèrent Hélène, qui fut reprise par Castor et Pollux; ensuite ils descendirent aux enfers pour enlever Proserpine :

On dit même, et ce bruit est par-tout répandu,
Qu'avec Pirithoüs aux enfers descendu,
Il a vu le Cocyte et les rivages sombres,
Et s'est montré vivant aux infernales ombres;
Mais qu'il n'a pu sortir de ce triste séjour,
Et repasser les bords qu'on passe sans retour.
RACINE.

Pirithoüs fut dévoré par Cerbère; et Thésée resta aux enfers, jusqu'au temps où Hercule vint le délivrer. Ils firent ensemble la guerre aux Amazones; et Thésée épousa Hippolyte, reine de ces femmes guerrières, dont il eut un fils qui porta le même nom. Phèdre, fille de Minos et de Pasiphaé, que Thésée avoit épousée en secondes noces, conçut pour le jeune Hippolyte des sentiments qui leur furent très-funestes :

Noble et brillant auteur d'une triste famille,
Toi, dont ma mère osoit se vanter d'être fille,

Qui peut-être rougis du trouble où tu me vois,
Soleil ! je te viens voir pour la dernière fois.

RACINE.

Le remords d'avoir accusé Hippolyte d'un crime dont il étoit innocent, porta Phèdre à se pendre de désespoir ; mais Thésée avoit déjà condamné son fils à l'exil, et invoqué contre lui le secours de Neptune :

Et toi, Neptune, et toi, si jadis mon courage
D'infâmes assassins nettoya ton rivage,
Souviens-toi que, pour prix de mes efforts heureux,
Tu promis d'exaucer le premier de mes vœux.
. . . .
Je t'implore aujourd'hui, venge un malheureux
 père ;
J'abandonne ce traître à toute ta colère.

RACINE.

Il ne fut que trop exaucé : Neptune envoya un monstre marin, qui, par ses mugissements, effraya les chevaux d'Hippolyte :

L'onde approche, se brise, et vomit à nos yeux,
Parmi des flots d'écume, un monstre furieux.
. . . .
Tout fuit ; et sans s'armer d'un courage inutile,
Dans le temple voisin chacun cherche un asyle.
Hippolyte lui seul, digne fils d'un héros,
Arrête ses coursiers, saisit ses javelots,
Pousse au monstre, et d'un dard lancé d'une main
 sûre,
Il lui fait dans le flanc une large blessure.

De rage et de douleur le monstre bondissant,
Vient aux pieds des chevaux tomber en mugissant.
. . . .
A travers les rochers la peur les précipite :
L'essieu crie et se rompt. L'intrépide Hippolyte
Voit voler en éclats tout son char fracassé.
Dans les rênes lui-même il tombe embarrassé.
. . . .
J'ai vu, seigneur, j'ai vu votre malheureux fils
Traîné par les chevaux que sa main a nourris ;
Il veut les rappeler, et sa voix les effraie.
Ils courent ; tout son corps n'est bientôt qu'une plaie.
J'arrive : je l'appelle ; et, me tendant la main,
Il ouvre un œil mourant, qu'il referme soudain.

RACINE.

Esculape rendit la vie à Hippolyte, et Diane le transporta en Italie. Thésée mourut à Athènes, après avoir mérité d'être mis au rang des demi-Dieux ; honneur qu'il ne pouvoit obtenir par le droit de sa naissance. On peut regarder Thésée comme un héros dont l'intrépidité étoit supérieure aux plus grands dangers, mais qui fut souvent malheureux par imprudence et par emportement.

CASTOR et POLLUX, connus sous le nom de Tyndarides, sont le plus beau modèle que l'antiquité nous donne de l'amour fraternel. Ils étoient fils de Léda, épouse de Tyndare, roi d'Œbalie, contrée du Péloponnèse. Jupiter s'étoit changé en cygne pour surprendre Léda : elle mit au monde Hélène et Pollux, Castor et Clytemnestre. Les deux premiers étoient enfants de Jupiter, et les deux autres de Tyndare.

Hélène épousa Ménélas, roi de Sparte ou Lacédémone. Elle fut enlevée par Thésée, qui la rendit à son époux ; et par le berger Pâris, ce qui occasionna la guerre de Troie. Après la mort de Pâris, elle épousa Déïphobe, fils de Priam, et le livra à Ménélas pour rentrer en grâce avec lui : ce roi la ramena en triomphe à Sparte ; mais il mourut peu de temps après. Hélène se retira dans l'île de Rhodes, auprès de Polixo sa parente, qui la fit pendre à un arbre, parce qu'elle avoit occasionné la perte d'une infinité de héros.

Clytemnestre avoit épousé Agamemnon, roi d'Argos et de Mycènes, petit-fils d'Atrée, et frère de Ménélas. Elle eut un fils nommé Oreste; et deux filles, Electre et Iphigénie. Pendant qu'Agamemnon étoit au siége de Troie, elle épousa Egisthe, qui l'aida à assassiner son premier époux. Oreste vengea cette mort, en poignardant Egisthe et Clytemnestre.

Pollux étoit immortel, en qualité de fils de Jupiter. La tendresse qu'il avoit pour son frère l'engagea à partager son immortalité avec Castor. Jupiter y consentit, à condition qu'ils rendroient de grands services aux hommes, et qu'ils passeroient alternativement un jour au ciel, et un jour aux enfers :

> Jupiter fit l'homme semblable
> A ces deux jumeaux que la fable
> Plaça jadis au rang des Dieux ;
> Couple de déités bizarre,
> Tantôt habitants du Ténare,
> Et tantôt citoyens des cieux.
>
> ROUSSEAU.

Castor et Pollux allèrent d'abord à la conquête de la Toison d'or : ensuite ils s'occupèrent à purger les mers des pirates qui les infestoient : c'est pourquoi les marins avaient coutume de leur immoler des agneaux blancs. On leur rendoit à Rome un culte particulier. Les hommes juroient par le temple de Pollux, et les femmes, par celui de Castor. Jupiter les métamorphosa en astres : ils forment le troisième signe du Zodiaque, sous le nom de *Jumeaux* ou *Gémeaux*.

BELLÉROPHON, fils de Glaucus, roi de Corinthe, fut redevable à son adresse, autant qu'à sa valeur, du succès qu'il eut dans ses entreprises, malgré les obstacles qui s'opposoient à sa gloire. Il entreprit d'abord de combattre la Chimère, monstre qui avoit la tête d'un lion, le corps d'une chèvre et la queue d'un serpent, et qui vomissoit des flammes :

Ah! prince, songez-vous que trois monstres en-
    semble
  Sont unis dans ce monstre affreux?
  A son aspect il n'est rien qui ne tremble :
De sa brûlante haleine il pousse mille feux.
TH. CORNEILLE.

Bellérophon monta le cheval Pégase, et vint à bout d'exterminer ce monstre, qui désoloit la Lycie, et remplissoit de crainte les habitants :

Le monstre couvrira de torrents enflammés
    Nos campagnes fumantes ;
    Et nos champs ne seront semés
Que des restes affreux de victimes sanglantes.
TH. CORNEILLE.

Les Amazones et les Solymes sentirent bientôt les efforts de son bras ; et ses victoires lui méritèrent la main de Philoné, fille d'Iobates, roi de Lycie :

Après avoir vaincu deux nations guerrières,
Bellérophon amène en ces lieux fortunés
    Les Amazones prisonnières,
    Et les Solymes enchaînés.
TH. CORNEILLE.

Bellérophon est un héros vertueux : son insensibilité pour les avances de Sthénobée, épouse de Prœtus, roi d'Argos, pensa lui coûter la vie.

―――――

JASON n'est pas moins fameux par ses aventures avec Médée, que par la conquête de la Toison d'or :

Retraçons aujourd'hui la célèbre entreprise
Qui conduisit Jason sur les bords de Colchos,
Et montrons ce que peut la vertu d'un héros,
Lorsque le ciel la favorise.

GRESSET.

Athamas, fils d'Eole, roi de Thèbes, conservoit avec soin un bélier qu'il avoit reçu des Dieux, et dont la toison étoit d'or. Phryxus, fils de ce prince, fuyant les mauvais traitements de Néphélé, sa belle-mère, emporta avec lui ce bélier, l'immola à Jupiter, et fit présent de la toison à Eétès, roi de la Colchide, qui la mit dans un bois consacré au Dieu Mars, sous la garde d'un dragon furieux qui ne dormoit jamais, et de plusieurs taureaux qui vomissoient des flammes.

Jason forma le projet d'enlever ce trésor, et invita les plus grands héros de la Grèce à partager avec lui les dangers et la gloire de cette expédition :

De Grecs une troupe vaillante
Enleva la Toison brillante
Que gardoit le dragon de Mars ;
En vain son haleine enflammée,
Et ses dents, mères d'une armée,
En étoient les affreux remparts.

LAMOTTE.

On appelle ces héros les Argonautes, soit parce que le vaisseau qu'ils montèrent se nommoit *Argo*, soit parce que la plupart des braves qui s'y embarquèrent étoient du royaume d'Argos :

Argonautes fameux, demi-Dieux de la Grèce,
Castor, Pollux, Orphée ; et vous, heureux Jason,
Vous de qui la valeur, et l'amour, et l'adresse,
    Ont conquis la Toison.

VOLTAIRE.

Les difficultés qui s'opposoient à cette conquête étoient insurmontables : le Dieu Mars lui-même avoit pourvu à sa conservation, par des moyens supérieurs à tous les efforts du courage le plus intrépide et le plus téméraire :

La Toison est à vous, si vous pouvez la prendre ;
Car ce n'est pas de moi qu'il vous la faut attendre.
Comme votre Phryxus l'a consacré à Mars,
Ce Dieu même lui fit d'effroyables remparts,
Contre qui tout l'effort de la valeur humaine
Ne peut être suivi que d'une mort certaine.

P. CORNEILLE.

Deux taureaux indomptés, sont les premiers remparts.
    Qui défendent le champ de Mars ;
La flamme qui se mêle à leur brûlante haleine,
    Forme autour d'eux un affreux tourbillon ;
    Il faut forcer leur fureur inhumaine
A tracer sur la plaine un pénible sillon.
    Aussitôt du sein de la terre
      Tes yeux verront de toutes parts
      Sortir des escadrons épars,
Qui se rassembleront pour te livrer la guerre.

Ce n'est pas tout encore, un dragon furieux
Fait dans ce lieu terrible une garde constante ;
Jamais le doux sommeil n'approcha de ses yeux ;
Rien ne sauroit tromper sa fureur vigilante.
ROUSSEAU.

Jason vainquit ces monstres ; mais ce ne fut qu'avec le secours de Médée, fille d'Eétès, dont les enchantements étoient nécessaires pour ne pas rendre inutiles la valeur de ce héros :

> Toute la nature est soumise
> A ses affreux commandements,
> L'enfer la favorise,
> Elle confond les éléments,
> Le ciel même est troublé par ses enchantements.
QUINAULT.

Les taureaux devinrent dociles ; le dragon fut endormi ; et les bataillons armés, qui naissoient de ses dents, se détruisirent eux-mêmes. Jason emporta la Toison d'or ; et Médée le suivit dans la Thessalie, où il l'épousa. Eétès avoit le plus grand intérêt à conserver cette Toison :

> Tel est mon sort, que la Toison ravie
> Me doit coûter le sceptre, et peut-être la vie ;
> De sa perte dépend celle de tout l'Etat :
> En former un desir, c'est faire un attentat.
P. CORNEILLE.

Médée mit en piéces son frère Absirthe, et en dispersa les membres le long du chemin, afin de retarder la course d'Eétès. Arrivée au palais d'Eson, père de Jason, et le voyant accablé sous le poids des années, elle le rajeunit :

O ! que, pour avoir part en si belle aventure,
Je me souhaiterois la fortune d'Eson,
Qui vieil comme je suis, revint contre nature
  En sa jeune saison.
MALHERBE.

Elle conseilla aux filles de Pélias, frère d'Eson, de rendre le même service à leur père, en faisant bouillir ses membres avec une herbe qu'elle leur donna :

Elle fait amitié, leur promet des merveilles,
Du pouvoir de son art leur remplit les oreilles ;
Et, pour mieux leur montrer comme il est infini,
Leur étale sur-tout mon père rajeuni.
Pour épreuve, elle égorge un bélier à leurs vues,
Le plonge en un bain d'eau et d'herbes inconnues,
Lui forme un nouveau sang avec cette liqueur,
Et lui rend d'un agneau la taille et la vigueur.
Les sœurs crient miracle, et chacune ravie,
Conçoit pour son vieux père une pareille envie,
Veut un effet pareil, le demande, et l'obtient :
Mais chacune a son but. Cependant la nuit vient.
Médée, après le coup d'une si belle amorce,
Prépare de l'eau pure et des herbes sans force,
Redouble le sommeil des gardes et du roi :
La suite, au seul récit, me fait tembler d'effroi.
P. CORNEILLE.

Pélias périt par cet artifice, que Médée avoit inventé pour le punir d'avoir inspiré à son neveu Jason le dessein d'enlever la Toison d'or, dans l'espérance qu'il y périroit, et qu'il envahiroit ses Etats. Jason indigné abandonna cette femme détestable, et épousa Créüse, fille de Créon, roi de Corinthe. Médée se livra à toute l'impétuosité de sa rage :

> Quoi ! mon père trahi, les éléments forcés,
> D'un frère dans la mer les membres dispersés,
> Lui font-ils présumer mon audace épuisée ?
> Lui font-ils présumer qu'à mon tour méprisée,
> Ma rage contre lui n'ait pas où s'assouvir,
> Et que tout mon pouvoir se borne à le servir ?
> Tu t'abuses, Jason ; je suis encor la même.
> Tout ce qu'en ta faveur fit mon amour extrême,
> Je le ferai par haine ; et je veux, pour le moins,
> Qu'un forfait nous sépare, ainsi qu'il nous a joints.
>
> P. CORNEILLE.

Créüse auroit dû prévoir tout ce qu'elle avoit à craindre d'une femme telle que Médée :

> Accoutumée au crime, et savante en poison,
> Voyez ce qu'elle a fait pour acquérir Jason ;
> Et ne présumez pas, quoique Jason vous die,
> Que, pour le conserver, elle soit moins hardie.
>
> P. CORNEILLE.

En effet, elle empoisonna toute la famille royale, et massacra deux fils qu'elle avoit eus de Jason :

> Livrée à tes fureurs, impitoyable Amour,
> Une mère à ses fils a pu ravir le jour !

Méconnois-tu ton sang dans ces chères victimes,
Implacable Médée? Amour, voilà tes crimes!
Si ses fils ont péri par un coup inhumain,
Dans leur flanc innocent tu conduisois sa main.
GRESSET.

Médée échappa à la colère de Jason, en s'élevant dans les airs sur un char traîné par des dragons ailés, et se rendit auprès du roi d'Athènes, qui lui avoit promis de l'épouser:

C'est peu que dans Corinthe on ait vu mon courage
Des mépris d'un époux venger l'indigne outrage;
C'est peu que d'une cour que je remplis d'horreur,
Ma fuite triomphante ait bravé la fureur;
Pour mieux jouir encor d'une entière vengeance,
Je trouve une autre cour, un roi dont la puissance,
Pour m'attacher à lui, me rend avec éclat
Tout ce que je perdis en suivant un ingrat.
DE LA FOSSE.

Jason s'empara d'Iolchos, capitale de la Thessalie, où il étoit né, et où il avoit assemblé les Argonautes. Il y eut un règne tranquille, et jouit long-temps de la gloire qu'il s'étoit acquise par la conquête de la Toison d'or.

ORPHÉE.

Divin Orphée, à qui les Dieux
Ont prodigué des sons la science charmante ;
Par les accents mélodieux
De ta lyre savante,
Suspends la rage menaçante
De tant de monstres furieux.

Rousseau.

Ce demi-Dieu étoit fils de Clio et d'Apollon. Il en avoit reçu le talent de toucher la lyre avec tant d'art, que, par la vertu de ses sons, il égala au moins les plus grands héros de son temps :

Je sais que par son art il entraîne les arbres,
Que ses divins accords font tressaillir les marbres,
Que du plus fier torrent ils arrêtent le cours,
Et rangent à ses pieds les lions et les ours.
On dit même, et la Grèce est portée à le croire,
Qu'Argos doit à sa voix la moitié de sa gloire,
Et qu'à vaincre Médée, et gagner la Toison,
Elle eut autant de part que le bras de Jason.

La Grange-Chancel.

On prétend qu'Orphée endormit le dragon furieux qui veilloit à la garde de la Toison d'or, et que, par les accords de sa lyre, il charma les ennuis d'une longue navigation, et ranima plus d'une fois le courage des Argonautes. Les enfers mêmes sentirent les effets de son pouvoir :

Un mortel, qui l'eût cru? jusqu'au sombre rivage,
Par ses divins accents, s'est ouvert un passage;
De tout ce qui l'entend il dissipe l'horreur;
Cerbère, à son approche, a perdu sa fureur;
Et Caron, enchanté sur la rive infernale,
L'a reçu sans effort dans la barque fatale.
. . . .
. . . .
J'ai vu de Danaüs les filles attentives,
Laisser l'onde tranquille et leurs urnes oisives:
J'ai vu les fières Sœurs oublier leur devoir;
Jusqu'au fond de ses eaux l'Achéron s'émouvoir;
Ixion et Sisyphe, à cette heureuse approche,
S'asseoir, l'un sur sa roue, et l'autre sur sa roche;
Titie à son vautour cesser d'être livré,
Et Tantale abreuver son gosier altéré.
La Grange-Chancel.

Orphée descendit aux enfers pour y chercher Euridice son épouse, que la piqûre d'un serpent avoit fait mourir, le jour même de ses noces :

Le sombre roi du Styx, aux tendres airs propice,
Fut touché des accords de l'époux d'Euridice.
Gresset.

Pluton la lui rendit; mais à condition qu'elle le suivroit, et qu'il ne la regarderoit point qu'elle ne fût de retour sur la terre. Orphée apercevoit déjà la lumière : il se retourne avec impatience; Euridice lui est enlevée pour toujours :

> Heureux et malheureux Orphée !
> Ne pouvois-tu de ton trophée
> T'assurer un moment plus tard ?
> L'enfer te rendoit sa captive,
> Mais, hélas ! ton amour t'en prive
> Par un impatient regard.
> LAMOTTE.

Orphée, accablé de douleur, se retira seul dans les forêts, où il cherchoit à charmer ses ennuis en répétant sans cesse le nom d'Euridice. Les Bacchantes le mirent en pièces et sa lyre fut placée dans le ciel.

Campistron retrace dans ces vers toutes les merveilles que l'on attribuoit à Orphée :

Les arbres, les rochers, sensibles à sa voix,
Les tigres, les lions, asservis à ses lois;
De ses divins concerts l'attrait et la mesure
Renversant, à son gré, l'ordre de la nature;
Leurs sons victorieux, leurs triomphants accords
Lui frayant un chemin jusques aux sombres bords,
Rendant à ses desirs la mort même propice,
Et des enfers au jour ramenant Euridice.

CADMUS.

Après que Jupiter eut enlevé Europe, sœur de Cadmus, et fille d'Agénor, roi de Phénicie, ce prince ordonna à son fils d'aller chercher

Europe, et de ne point revenir qu'il ne l'eût trouvée. Cadmus ayant parcouru inutilement toute l'Asie, consulta l'oracle, qui ne lui donna point d'autre réponse, que l'ordre de bâtir une ville dans le lieu même où il seroit conduit par un bœuf :

> Après avoir erré sur la terre et sur l'onde,
> Sans trouver Europe ma sœur ;
> Après avoir en vain cherché son ravisseur,
> Le ciel termine ici ma course vagabonde ;
> Et c'est pour obéir aux oracles des Dieux,
> Qu'il faut m'arrêter en ces lieux.
>
> QUINAULT.

Il étoit dans la Béotie, où il bâtit la ville de Thèbes. On dit que ses compagnons, étant allés puiser de l'eau, furent dévorés par un dragon. D'autres prétendent qu'Hermione étoit exposée à ce monstre, et que Minerve l'engagea à le tuer :

> Va, Cadmus, que rien ne t'étonne ;
> Va, ne crains ni Junon, ni le Dieu des combats :
> Ose secourir Hermione ;
> Tu vois dans ton parti la guerrière Pallas.
>
> QUINAULT.

Cadmus, vainqueur de ce dragon, épousa Hermione, fille de Mars et de Vénus. Il consulta l'oracle sur la destinée qui étoit réservée à la ville qu'il venoit de bâtir : on ne lui annonça que des malheurs ; ce qui lui fit prendre la résolution de s'en éloigner. Il fut changé en serpent avec son épouse.

Les murs de Thèbes furent construits d'une façon plus merveilleuse. On dit que les pierres venoient se ranger au son de la lyre d'Amphion, fils de Jupiter et d'Antiope, reine de Thèbes. Les poëtes ne parlent guère de ce prodige, sans parler de celui qu'opéra aussi la lyre d'Arion :

Songez par quel prodige on connoît Amphion,
Quel miracle la Grèce a chanté d'Arion :
Le premier, sans autre art, voit au son de sa lyre
Les pierres se mouvoir et Thèbes se construire ;
L'autre, près de périr par la fureur des flots,
Sait trouver dans leur sein la vie et le repos :
Un dauphin, traversant les plaines de Neptune,
Attiré par ses chants, prend soin de sa fortune :
Il l'aborde ; il l'emporte, il lui sert de vaisseau ;
Et, donnant aux mortels un spectacle nouveau,
Il le fait à leurs yeux, sans péril et sans crainte,
Naviguer sur les mers de Crète et de Corinthe.

CAMPISTRON.

THÈBES.

ALEXANDRE-LE-GRAND renversa cette ville de fond en comble, et voulut que l'on conservât la maison où Pindare étoit né. C'étoit une marque de considération qu'il donnoit à la mémoire de ce poëte, qui est l'inventeur de la poésie lyrique :

> Viens servir l'ardeur qui m'inspire,
> Déesse, prête-moi ta lyre,
> Ou celle de ce Grec vanté,
> Dont l'impitoyable Alexandre,
> Au milieu de Thèbes en cendre,
> Respecta la postérité.
> ROUSSEAU.

Long-temps avant cette expédition d'Alexandre, Thèbes avoit été le théâtre de plusieurs scènes bien tragiques. Un de ses rois, nommé Laïus, avoit appris de l'oracle qu'il périroit de la main du fils qu'il venoit d'avoir. Il ordonna à Jocaste son épouse d'égorger cet enfant. La mère, ayant horreur de ce crime, en remit l'exécution à un soldat. Celui-ci, touché des pleurs et de l'innocence de l'enfant, se contenta de lui percer les pieds de part en part, et de l'attacher à un arbre sur le mont Cithéron. Un des bergers de Polybe, roi de Corinthe, trouve cet enfant, le détache, et le présente à la reine, qui, n'ayant point d'enfants, le fait élever comme son fils, et lui donne le nom d'OEdipe, à cause de l'enflure de ses pieds :

> Un Thébain qui se dit votre père,
> Exposa votre enfance en ce lieu solitaire.
> Quelque Dieu bienfaisant guida vers vous mes pas ;
> La pitié me saisit, je vous prends dans mes bras ;
> Je ranime dans vous la chaleur presque éteinte ;
> Vous vivez, et bientôt je vous porte à Corinthe.

Je vous présente au prince : admirez votre sort !
Le prince vous adopte au lieu de son fils mort ;
Et par ce coup adroit, sa politique heureuse
Affermit pour jamais sa puissance douteuse.
Sous le nom de son fils, vous fûtes élevé
Par cette même main qui vous avoit sauvé.
VOLTAIRE.

OEdipe ayant découvert qu'il n'étoit point le fils de Polybe, alla consulter l'oracle, et apprit qu'il trouveroit son père dans la Phocide, province de la Grèce. OEdipe s'y rendit et tua Laïus, en lui disputant le passage dans un chemin fort étroit. Thèbes étoit alors désolée par un monstre appelé *Sphinx*: il avoit la tête d'une femme, le corps d'un chien, les ailes et la queue d'un dragon, les pieds et les ongles d'un lion. Il proposoit une énigme aux passants, et les dévoroit s'ils ne la devinoient pas :

Né parmi les rochers, au pied de Cithéron,
Ce monstre à voix humaine, aigle, femme et lion,
De la nature entière exécrable assemblage,
Unissoit contre nous l'artifice à la rage.
Il n'étoit qu'un moyen d'en préserver ces lieux.
D'un sens embarrassé dans des mots captieux,
Le monstre chaque jour, dans Thèbes épouvantée,
Proposoit une énigme avec art concertée.
VOLTAIRE.

Le Sphinx demandoit : *Quel est l'animal qui le matin a quatre pieds, deux à midi, et trois le soir ?*

Ne porter qu'un faux jour dans son obscurité,
C'étoit de ce prodige enfler la cruauté ;
Et les membres épars des mauvais interprètes,
Ne laissoient dans ces murs que des bouches muettes.
Mais, comme aux grands périls le salaire enhardit,
Le peuple offre le sceptre, et la reine son lit.
De cent cruelles morts cette offre est tôt suivie.
J'arrive ; je l'apprends ; j'y hasarde ma vie.
Au pied du roc affreux, semé d'os blanchissans,
Je demande l'énigme, et j'en cherche le sens ;
Et, ce qu'aucun mortel n'avoit encore pu faire,
J'en dévoile l'image, et perce le mystère.

P. CORNEILLE.

OEdipe répondit au Sphinx que son animal est l'homme, qui, dans l'enfance, se traîne sur les pieds et sur les mains, dans l'âge viril se soutient sur les deux pieds, et dans la vieillesse s'appuie sur un bâton qui lui sert d'un troisième pied :

Le monstre, furieux de se voir entendu,
Venge aussitôt sur lui tant de sang répandu ;
Du roc se lance en bas, et s'écrase lui-même.
La reine tint parole, et j'eus le diadème.

CORNEILLE.

OEdipe, sans le savoir, épousa sa mère, et monta sur le trône de son père qu'il avoit tué sans le connoître. Les premiers moments de son règne parurent heureux ; et les Thébains se félicitoient que le sort leur eût donné un roi si vertueux et si sage :

Hélas ! nous nous flattions que ses heureuses mains
Pour jamais à son trône enchaînoient les destins.
Déjà même les Dieux nous sembloient plus faciles :
Le monstre, en expirant, laissoit ces murs tranquilles ;
Mais la stérilité, sur ce funeste bord,
Bientôt, avec la faim, nous rapporta la mort.
Les Dieux nous ont conduits de supplice en supplice :
La famine a cessé, mais non leur injustice ;
Et la contagion, dépeuplant nos Etats,
Poursuit un foible reste échappé du trépas.
VOLTAIRE.

Ces nouveaux malheurs engagèrent à consulter l'oracle : c'étoit la ressource ordinaire dans toutes les occasions où l'on avoit besoin d'éclaircir ses doutes, et de connoître la volonté des Dieux. La plupart des poëtes évoquent même l'ombre de Laïus, et en tirent cette réponse :

> Un grand crime impuni cause votre misère :
> Par le sang de ma race il se doit effacer ;
> Mais à moins que de le verser,
> Le ciel ne se peut satisfaire ;
> Et la fin de vos maux ne se fera point voir,
> Que mon sang n'ait fait son devoir.

LAMOTTE.

Le sens caché de cet oracle se trouva dévoilé par le rapport du soldat qui avoit exposé OEdipe sur le mont Cithéron, et du berger qui l'avoit présenté au roi de Corinthe. Jocaste se pendit de désespoir. OEdipe se creva les yeux, et se condamna à un exil éternel :

Voilà donc les horreurs où j'étois entraîné !
Je suis, oui, je le suis ce fils abandonné,
Je suis fils de Jocaste, et je connois mon crime.
Grands Dieux ! ne tonnez plus, prenez votre victime.
Mon sang vous a fléchis ; Thèbes ne souffre plus ;
Vous payez à la fois mon crime et mes vertus.
LAMOTTE.

OEdipe avoit eu de Jocaste deux fils, Etéocle et Polinice ; et deux filles, Antigone et Ismène. Les deux princes firent paroître, dès leur enfance, une haine mutuelle, qui alarmoit souvent OEdipe :

Leur courage promet des héros à la terre :
Mais, si vous n'étouffez cette fatale guerre
Que le courroux du ciel semble allumer entre eux,
Ne vous en promettez que des crimes fameux.
LAMOTTE.

Cette haine devint implacable par les arrangements que l'on prit pour le gouvernement de Thèbes. Les deux frères devoient régner chacun pendant un an : Etéocle, en qualité d'aîné, monta le premier sur le trône ; et, l'année étant révolue, il refusa de le céder à son frère :

OEdipe, en achevant sa triste destinée,
Ordonna que chacun régneroit son année ;

Et, n'ayant qu'un Etat à mettre sous vos lois,
Voulut que tour à tour vous fussiez tous deux rois.
A ces conditions vous daignâtes souscrire.
Le sort vous appela le premier à l'empire :
Vous montâtes au trône ; il n'en fut point jaloux :
Et vous ne voulez pas qu'il y monte après vous.
RACINE.

Etéocle et Polinice se firent une guerre sanglante, dans laquelle toute la Grèce prit parti, et se partagea. On fit souvent des propositions de paix ; mais la haine des deux frères y mit toujours un obstacle invincible :

Je connois Polinice et son humeur altière ;
Je sais bien que sa haine est encor toute entière ;
Je ne crois pas qu'on puisse en arrêter le cours ;
Et, pour moi, je sens bien que je le hais toujours.
RACINE.

Ils en vinrent enfin à un combat singulier, qu'ils desiroient depuis long-temps, et dans lequel chacun se flattoit d'assouvir sa haine par le sang de son frère. Ils paraissent au milieu des deux armées :

D'un geste menaçant, d'un œil brûlant de rage,
Dans le sein l'un de l'autre ils cherchent un passage.
. . . .
Le roi, frappé d'un coup qui lui perce le flanc,
Lui cède la victoire, et tombe dans son sang.
Polinice, tout fier du succès de son crime,
Regarde avec plaisir expirer sa victime.
. . . .

Et, dans l'instant fatal que ce frère inhumain
Lui veut ôter le fer qu'il tenoit à la main,
Il lui perce le cœur ; et son ame ravie,
En achevant ce coup, abandonne la vie.
Polinice frappé, pousse un cri dans les airs,
Et son ame en courroux s'enfuit dans les enfers.
RACINE.

Les corps de ces malheureux frères furent mis sur le même bûcher, pour y être brûlés, selon la coutume de ce temps-là. On vit aussitôt la flamme se diviser d'elle-même, et faire connoître que la mort n'avoit pu éteindre une haine dont on n'avoit point encore d'exemple.

Sophocle, poëte grec, l'un des inventeurs de la tragédie, mit cette action terrible sur la scène ; et les spectateurs en furent si touchés, qu'ils donnèrent à l'auteur le gouvernement de l'île de Samos.

TROIE.

Quelque célèbre que soit, chez les poëtes, la ville de Thèbes, celle de Troie, capitale de la Troade, en Phrygie, l'emporte infiniment par le nombre et la qualité de ses rois, par la durée d'un siége de dix ans, qui fut très-fécond en événements mémorables, et par les suites de cette guerre, aussi funeste aux Grecs vainqueurs, qu'aux Troyens vaincus. Il semble que cette expédition ne devoit être favorable qu'aux poëtes Grecs, Romains et Français. Sophocle et Euripide y puisèrent le sujet de leurs plus belles tragédies ; Homère, celui de ses deux poëmes épiques, l'Iliade et l'Odyssée : Virgile en retrace l'image dans son Enéide, et c'est sur les murs ou dans les campagnes de Troie, que nos plus grands poëtes ont choisi les héros qui furent le plus généralement applaudis sur la scène française.

Avant que d'entrer dans le détail de la guerre de Troie, il est à propos de faire connoître les héros qui s'y sont distingués : nous commencerons par les Grecs.

Agamemnon, roi d'Argos et de Mycènes, fut déclaré le chef de l'armée des Grecs. Il étoit issu d'une famille dans laquelle le crime sembloit être héréditaire. Tantale, Atrée, Thyeste, sont des noms que l'on ne peut se rappeler sans horreur. Nous avons déjà dit que Tantale avoit servi aux Dieux son fils Pélops, et qu'il fut condamné à une soif et à une faim d'autant plus cruelles, que tout contribuoit à l'irriter. Jupiter rassembla les membres de Pélops, les ranima, et mit une épaule d'ivoire à la place de celle que Cérès avoit mangée.

Pélops épousa Hippodamie, fille d'OEnomaüs, roi d'Elide, qu'il falloit vaincre à la course pour obtenir la princesse, ou périr si l'on avoit le malheur d'être vaincu. Neptune donna à Pélops des chevaux dont la vîtesse lui assura la victoire.

Atrée et Thyeste étoient fils de Pélops et d'Hippodamie. Atrée épousa Erope, que Thyeste lui enleva :

> Il te souvient de ce triste hymenée,
> Qui d'Erope à mon sort unit la destinée,
> Cet hymen me mettoit au comble de mes vœux;
> Mais à peine aux autels j'en eus formé les nœuds,
> Qu'à ces mêmes autels, et par la main d'un frère,
> Je me vis enlever une épouse si chère.
>
> Crébillon.

La colère d'Atrée se changea en une haine et une fureur implacables, qui le rendit trop ingénieux à chercher une vengeance éclatante, ou plutôt à tramer une horrible perfidie :

> Rien ne peut arrêter mes transports furieux ;
> Je voudrois me venger, fût-ce même des Dieux:
> Du plus puissant de tous j'ai reçu la naissance,
> Je le sens au plaisir que me fait la vengeance.
>
> Crébillon.

Ne pouvant surprendre Thyeste, il feignit de vouloir se réconcilier avec lui : il voulut même cimenter cette paix simulée par un motif de religion ; et, prenant les Dieux à témoin de sa réconciliation, il présenta à Thyeste la coupe dont leurs ancêtres ne s'étoient jamais servis que dans les sacrifices :

Soyez donc les garants du salut de Thyeste,
Coupe de nos aïeux, et vous, Dieux que j'atteste !
. . . .
Mais, que vois-je, perfide ? ah ! grands Dieux !
quelle horreur !
C'est du sang ! Tout le mien se glace dans mon
cœur.
Mon fils¹, est-ce ton sang qu'on offroit à ton père ?
CRÉBILLON.

Atrée avoit fait égorger les deux fils de Thyeste, et lui en avoit présenté le sang dans la coupe. On dit que le Soleil ne parut point ce jour-là, afin de n'être pas le témoin d'un si noir attentat :

C'est cette colère funeste
Qui jadis à nourri Thyeste
Du sang d'un fils qu'elle immola ;
Festin détestable et parjure,
Et qui surprit plus la nature,
Que le soleil qui recula.
LAMOTTE.

La Fable offre encore plus d'un exemple de ces crimes affreux, et des châtiments sévères dont ils furent suivis.

Lycaon, roi d'Arcadie, fut changé en loup par Jupiter, à qui il avoit servi les membres du jeune Arcas, afin de s'assurer s'il exerçoit 'hospitalité envers le père des Dieux. Arcas étoit petit-fils de Lycaon, et fils de Jupiter et de Calisto. Il fut changé en ours, et placé au ciel : c'est ce que nous appelons *la petite Ourse*.

Térée, roi de Thrace, fut métamorphosé en épervier, au moment qu'il poursuivoit Progné, son épouse, pour la punir de lui avoir servi les membres de son fils Ithys. Progné prétendoit venger, par cet attentat, sa sœur Philomèle, que Térée retenoit prisonnière, après lui avoir coupé la langue :

>Quand l'innocent Ithys, à peine hors du berceau,
De son père coupable eut le sein pour tombeau ;
Pour fuir ces lieux sanglants, Philomèle vengée
Prend un nouvel essort, en rossignol changée ;
Et le funeste auteur de tant de noirs forfaits
S'envole et traine au loin d'inutiles regrets.
>> Gresset.

Progné fut changée en hirondelle, et Philomèle en rossignol.

Toute la famille d'Atrée porta la peine du crime qu'il avoit commis. Plisthène, fils d'Atrée, fut père d'Agamemnon et de Ménélas, que l'on appelle souvent les *Atrides*, du nom de leur aïeul :

>O ma patrie ! ô terre à tous les miens fatale,
Redoutable berceau des enfants de Tantale,
Famille des héros, et des grands criminels,
Les malheurs de ton sang seront-ils éternels !
>> Voltaire.

Agamemnon épousa Clitemnestre, dont il ut Oreste, Electre, et Iphigénie.

Ménélas étoit roi de Sparte ou Lacédémone, frère d'Agamemnon, époux d'Hélène, et l'un des héros qui se signalèrent au siége de Troie.

Nestor, fils de Nélée et de Cloris, avoit seul échappé au massacre qu'Hercule avoit fait de la famille de Nélée, qui lui refusoit le passage dans ses Etats. Les Grecs l'engagèrent à venir avec eux au siége de Troie : ils comptoient beaucoup sur la prudence de ses conseils; et il se rendit aisément à leur invitation, dans l'espérance de leur être utile :

> Plus ardent autrefois, plus prudent aujourd'hui,
> De mes conseils du moins je te promets l'appui ;
> De ces jeunes guerriers je conduirai l'audace.
> Ils lanceront les traits, j'en marquerai la place ;
> Et, de l'expérience éclairant la valeur,
> Mon âge emploiera bien l'avantage du leur.
> Lamotte.

Apollon le fit vivre trois cents ans; ce que les poëtes appellent trois âges d'hommes; et, quand ils offrent à quelqu'un des vœux pour une longue vie, ils lui souhaitent les années de Nestor :

> Lui qui, depuis les jours que la Parque lui file,
> A vu naître trois fois un nouveau peuple à Pile,
> Et qui, roi du troisième élevé sous ses yeux,
> Commande à des sujets dont il vit les aïeux.
> Lamotte.

Achille mérite le premier rang parmi les héros qui se rendirent célèbres au siége de

Troie. Il étoit fils de Thétis et de Pélée. Sa mère l'avoit plongé dans le Styx, afin de le rendre invulnérable :

> Thétis, même en trempant Achille,
> Laisse à la trame qu'on lui file,
> Encore un endroit à couper.
>
> LAMOTTE.

Elle le tenoit par le talon, et c'étoit le seul endroit où il pût être blessé. On le confia aux soins du centaure Chiron, qui ne le nourrit que de moëlle de lions. Il étoit encore enfant, lorsque sa mère lui proposa le choix de vivre long-temps sans gloire, ou de mourir jeune tout couvert de lauriers. Il préféra la gloire aux années :

> Je puis choisir, dit-on, ou beaucoup d'ans sans gloire,
> Ou peu de jours suivis d'une longue mémoire ;
> Mais, puisqu'il faut enfin que j'arrive au tombeau,
> Voudrois-je, de la terre inutile fardeau,
> Trop avare d'un sang reçu d'une Déesse,
> Attendre chez mon père une obscure vieillesse,
> Et toujours de la gloire évitant le sentier,
> Ne laisser aucun nom et mourir tout entier.
>
> RACINE.

Le Destin avoit résolu qu'Achille périroit devant Troie, et que cette ville ne seroit jamais prise que par la présence et la valeur de ce héros :

On sait qu'à votre tête
Les Dieux ont d'Ilion attaché la conquête :
Mais on sait que, pour prix d'un triomphe si beau,
Ils ont aux champs Troyens marqué votre tombeau.
Que votre vie, ailleurs et longue, et fortunée,
Devant Troie en sa fleur doit être moissonnée.

RACINE.

Thétis, voyant que les princes Grecs s'assembloient, et que leur premier soin seroit d'engager Achille à les accompagner devant Troie, voulut prévenir les arrêts du Destin. Elle envoya son fils, sous des habits de femme, dans l'île de Scyros, à la cour de Lycomède :

Ulysse, cependant, zélé pour sa patrie,
  Veut lui rendre le seul héros
Dont l'appui des Troyens doit sentir la furie ;
Et, pour le découvrir, il se rend à Scyros.
  Il étale aux yeux des princesses,
  Des ornements et des richesses
Dignes de relever l'éclat de leur beauté :
Achille avec dédain envisage leurs charmes ;
Mais d'un trouble soudain il paroît agité,
Quand, parmi ses atours, il voit briller des armes
Qui semblent l'accuser de son oisiveté.

LA GRANGE-CHANCEL.

Ulysse, déguisé en marchand, arrive à la cour de Lycomède. Il avoit mêlé des armes parmi les bijoux qu'il devoit présenter aux dames. Achille se saisit d'abord des armes, les manie avec beaucoup d'adresse ; c'est à ce trait qu'Ulysse s'étoit promis de reconnoître Achille :

> L'ingénieux Ulysse, à ces signes certains,
> Reconnoît le héros que demande la Grèce ;
> Et d'un glaive terrible armant ces jeunes mains,
> Par ce discours guerrier, d'un fils d'une Déesse
> Il augmente l'ardeur, et hâte les destins :
> > Quittez les jeux, fuyez les charmes ;
> > Rougissez d'un honteux repos,
> > Le carnage et le bruit des armes
> > Sont les vrais plaisirs des héros.
>
> La Grange-Chancel.

Achille ne respiroit que la gloire. Il suivit Ulysse avec joie, et quitta en héros Déïdamie, fille de Lycomède, qu'il avoit épousée, et dont il avoit un fils nommé Pyrrhus, que nous verrons marcher sur les traces de son père :

> Déïdamie, en proie aux plus vives alarmes,
> > Voudroit par ses cris et ses larmes
> > Désarmer ce jeune lion :
> > Son cœur ne trouve plus de charmes
> > Que dans la chute d'Ilion :
> > Qu'Ulysse promet à ses armes.
>
> La Grange-Chancel.

Ulysse, fils de Laërte, roi d'Ithaque, avoit contrefait l'insensé, pour se dispenser d'entrer dans la ligue des princes Grecs. Un jour qu'il labouroit follement le rivage de la mer, Palamède plaça Télémaque, encore enfant, devant le soc de la charrue. Ulysse la détourna avec adresse, de crainte de blesser son fils, et prouva par-là que sa folie n'étoit qu'une feinte. La rare prudence qu'il avoit reçue de Minerve, fut d'une grande utilité pendant la guerre de Troie. Ce Palamède dont on vient de parler, étoit fils de Nauplius, roi de l'île d'Eubée : on dit qu'il inventa les jeux de dés et d'échecs, pour dissiper l'ennui que causoit la longueur du siége.

Ajax, fils d'Oïlée, roi de Locre, passoit pour le plus vaillant des Grecs, après Achille. Neptune le fit périr dans les eaux, pour le punir d'une impiété dont il avoit toujours fait gloire.

Diomède se rendit immortel par mille exploits, et surtout en blessant Mars et Vénus.

Il y avoit un autre Ajax, fils de Télamon, l'un des Argonautes, qui ne fut pas moins célèbre ni moins impie que le premier. Il disputa à Ulysse les armes d'Achille ; et n'ayant pu les obtenir, il entra dans un accès de fureur si violent, qu'il se perça de son épée.

L'armée des Grecs étoit conduite par quatre-vingt-quinze capitaines, rois, princes ou héros déjà célèbres par de grands exploits.

Les Troyens avoient à leur tête cinquante fils de leur roi Priam. Hector, qui étoit l'aîné, eût seul soutenu et repoussé tous les efforts des Grecs, si les Dieux ne lui avaient pas été contraires :

Ne vous souvient-il plus, seigneur, quel fut Hector?
Nos peuples affoiblis s'en souviennent encor.

Son nom seul fait frémir nos veuves et nos filles;
Et, dans toute la Grèce, il n'est point de familles
Qui ne demandent compte à ce malheureux fils,
D'un père ou d'un époux qu'Hector leur a ravis.

RACINE.

Les poëtes conviennent que tous les Dieux prirent part à cette guerre, et se partagèrent, les uns pour les Grecs, et les autres pour les Troyens. On prétend même que le ressentiment et la colère de Junon furent la cause de tant de maux, et que cette Déesse impérieuse voulut venger ses propres injures. Dardanus, fondateur et premier roi de Troie, étoit fils de Jupiter et d'Electre; ce qui suffisoit pour devenir odieux à Junon. Dans la suite des temps, Jupiter, changé en aigle, enleva Ganimède, fils de Tros, roi de Troie, et lui donna la charge de verser le nectar des Dieux, à la place d'Hébé, Déesse de la Jeunesse, et fille de Junon. Le jugement de Pâris mit le comble aux griefs que cette Déesse avoit contre la nation Troyenne. La cause immédiate de cette guerre fut l'enlèvement d'Hélène. Pâris ayant été envoyé à Sparte pour y reprendre sa tante Hésione, enleva Hélène, épouse de Ménélas :

La fugitive Hélène et son époux nouveau
Montoient, impatients, ce funeste vaisseau,
Qui bientôt, après lui, doit attirer à Troie
Tous ces mille vaisseaux dont elle fut la proie.

LAMOTTE.

Les princes de la Grèce s'assemblèrent pour venger cette insulte, et jurèrent de renverser la ville de Troie.

Priam régnoit alors dans la Troade, pays situé dans la partie de la Phrygie la plus voisine du Bosphore de Thrace, que nous appelons le détroit de Constantinople. Le premier roi qui y ait régné, s'appeloit Teucer. Il eut pour gendre Dardanus, qui jeta les premiers fondements de la ville de Troie, sept cents ans avant la fondation de Rome. Dardanus eut pour successeur Erictonius; ensuite Tros, qui donna son nom à la ville. Il eut trois fils, Ganimède, Assaracus, et Ilus qui lui succéda, et voulut que Troie s'appelât Ilion. Ilus eut pour successeur Laomédon, père de Priam, et d'Hésione, qu'Hercule emmena dans la Grèce, après avoir détruit la ville de Troie. Priam en releva les murs, rendit son empire le plus florissant de l'univers. Il avoit épousé Hécube, fille de Dimas, roi de Thrace, dont il eut Hector, Déiphobe, Hélénus, Pâris ou Alexandre, et plusieurs princesses. Sa tendresse aveugle pour ses enfants, fut la source de tous ses malheurs. Hécube, en mettant Pâris au monde, s'imagina accoucher d'une torche ardente. Priam donna ordre de tuer cet enfant : Hécube le fit élever secrètement par des bergers. Pâris, qui ne connoissoit point encore sa naissance, vint disputer un prix que Priam avoit proposé à la jeune noblesse de son royaume, et triompha de tous ceux qui étoient entrés en lice. Hector, poursuivant cet athlète inconnu, découvrit qu'il étoit son frère. Priam l'embrassa, et le retint à sa cour dans le rang qui lui étoit dû. Pâris regretta d'abord son état de berger, et surtout OEnone, nymphe du mont Ida, qui lui prédit les maux dont il seroit la cause :

> OEnone, savez-vous quel ennui me tourmente ?
> On me veut arracher des lieux où je vous vois.
> J'étois berger ; vous receviez ma foi :
>   Mon bonheur passoit mon attente ;
> Mais je reviens de Troie, où j'ai vu, malgré moi,
>   Que ma fortune est trop brillante :
> J'ai reçu les respects d'une cour éclatante
>   Qui fait trembler tout sous sa loi.
> En vous le racontant, ma douleur en augmente.
> Cher OEnone, j'apprends que je suis fils du roi.
>   FONTENELLE.

Tandis que les Grecs faisoient les préparatifs de la guerre qu'ils méditoient, toute l'Asie se disposoit à balancer leur puissance en venant au secours de Troie. La flotte des Grecs, composée de mille deux cent quatre-vingt dix voiles, se trouva enfin rassemblée au port d'Aulide, ville de la Béotie. Les vents contraires empêchèrent-long-temps de mettre à la voile. On consulte Calchas, fameux devin, qui devoit accompagner l'armée :

> Mais Calchas est ici ; Calchas si renommé,
> Qui des secrets des Dieux fut toujours informé.

> Le ciel souvent lui parle : instruit par un tel
> maître,
> Il sait tout ce qui fut, et tout ce qui doit être.
> RACINE.

Calchas promet des vents favorables, aussitôt qu'Agamemnon aura immolé sa fille Iphigénie à Diane, dont il a encouru la disgrâce en tuant une biche qui lui étoit consacrée :

> Vous armez contre Troie une puissance vaine,
> Si, dans un sacrifice auguste et solennel,
> Une fille du sang d'Hélène,
> De Diane, en ces lieux, n'ensanglante l'autel.
> Pour obtenir les vents que le ciel vous dénie,
> Sacrifiez Iphigénie. RACINE.

Agamemnon se détermina enfin à obéir à l'Oracle, et Diane substitua une biche à la place d'Iphigénie, qu'elle emporta dans la Chersonèse-Taurique, où elle la fit grande-prêtresse de son temple.

Les vents devinrent favorables, et les Grecs mirent à la voile. Ils arrivèrent heureusement devant Troie, dont ils formèrent aussitôt le siége. Tout leur réussit d'abord ; mais Achille s'étant brouillé avec Agamemnon, qui lui avoit enlevé sa captive Briséis, fille de Brisès, prêtre de Jupiter, et ne voulant plus mener ses troupes au combat, les choses changèrent de face :

> Lorsque, de nos combats me disputant le prix,
> L'injuste Agamemnon m'enleva Briséis,

Dans ma tente enfermé, tout brûlant de colère,
J'eus beau voir la fortune aux Grecs partout contraire,
Pour eux aucun secours ne me sembla permis ;
Et par cette retraite, utile aux ennemis,
Laissant à leurs efforts nos escadrons en proie,
Je fis plus pour Priam que tous les Dieux de Troie.
TH. CORNEILLE.

Hector remporte chaque jour des avantages considérables : il chassoit les Grecs de tous les postes qu'ils occupoient. Ayant même pénétré jusqu'à leur flotte, il y mit le feu, et en fit périr un grand nombre :

Tantôt ce guerrier terrible,
Des Grecs épouvantés embrâse les vaisseaux ;
Tantôt son bras invincible
Fait rougir de leur sang et la terre et les eaux.
CAMPISTRON.

Patrocle, fils de Ménœtius et de Sthénélé, prit les armes d'Achille, dont il étoit l'ami intime, repoussa les Troyens, et défia Hector au combat. Il périt sous ses coups. Achille reparoît à la tête de ses troupes ; et, pour venger la mort de son ami, attaque Hector, le tue, l'attache par les pieds à son char, et le traîne trois fois autour des murs de Troie et du tombeau de Patrocle.

A quel excès d'horreur la vengeance l'égare !
Ce n'est plus un héros, c'est un tigre barbare.

* 8.

Il insulte au cadavre ; il lui perce les piés,
Qui de sa main sanglante à son char sont liés ;
Le traîne, et du tombeau faisant trois fois le tour,
De l'horreur du spectacle il fait pâlir le jour.
LAMOTTE.

Priam demanda une trêve de quelques jours, pendant laquelle il vint avec une partie de sa famille, et de riches présents, redemander le cadavre de son fils, afin de lui rendre les derniers devoirs. Achille l'accorda sur-tout aux larmes de Polixène, sœur d'Hector, et dont la beauté avoit paru toucher son cœur. Pâris profita de cette circonstance pour venger la mort d'un héros qui entraînoit la perte de Troie. Il promit à Achille de lui faire épouser Polixène, et lui tint parole. On étoit à peine assemblé dans le temple pour célébrer ce mariage, que Pâris décocha une flèche empoisonnée dans le talon d'Achille ; et, comme il n'étoit point invulnérable dans cet endroit, il mourut sur-le-champ. Apollon lui-même avoit conduit la flèche :

A peine il a du coup senti la rude atteinte,
Qu'il tombe, et d'un regard qui fait naître la crainte,
Reprochant à Pâris son indigne attentat :
Il faut céder, dit-il, au destin qui m'abat ;
Je meurs. Du lâche coup dont la rigueur m'entraîne,
L'infamie étoit dûe au ravisseur d'Hélène.
TH. CORNEILLE.

Pyrrhus, fils d'Achille et de Déidamie, vint, avec un renfort de troupes, se joindre aux Grecs, et venger la mort de son père. Son courage fit souvent oublier la perte d'Achille. Mais l'Oracle avoit prédit que jamais Troie ne seroit prise tandis qu'elle posséderoit le *Palladium*. Diomède et Ulysse se chargent de l'entreprise, pénètrent secrètement dans la ville, et enlèvent ce Palladium, statue de Minerve, qui étoit descendue du ciel, et s'étoit placée d'elle-même sur l'autel. On prétend qu'elle rouloit toujours les yeux, et remuoit de temps en temps la lance qu'elle tenoit à la main.

Cependant les Grecs, ne pouvant se rendre maîtres de la ville par la force, entreprennent de la surprendre. Ils feignent que Minerve les punit de l'enlèvement du Palladium; et, après dix années d'un siége qui leur a coûté tant de héros, ils ont recours à ce stratagême. Ils construisent un grand cheval de bois, dans lequel ils renferment beaucoup de soldats armés, et se retirent dans l'île de Ténédos, en faisant dire aux Troyens que ce cheval est une réparation qu'ils font à Minerve.

Le peuple sort en foule, transporté de joie, séduit par une vaine espérance, et plus encore par les discours d'un fourbe appelé Sinon, que les Grecs avoient laissé sur le rivage : chacun s'empresse de faire une brèche aux murs, pour introduire le cheval dans la ville. Les soldats qui y étoient renfermés, en sortent pendant la nuit, mettent le feu dans plusieurs quartiers. L'armée revient sur ses pas, entre par la brèche, et met tout à feu et à sang.

Je vois, sans respecter âge, sexe, ni rang,
Les Grecs presser le meurtre, et nager dans le sang ;
Et la flamme partout avide à se répandre,
Dévorer nos palais, et laisser Troie en cendre.
Th. Corneille.

Les Troyens se défendent en désespérés, et ne cèdent qu'au nombre qui les accable. Pyrrhus exerce des cruautés inouies. Il pénètre au palais de Priam, immole ce prince, avec toute sa famille, au pied d'un autel où il s'étoit réfugié :

L'indigne mort d'un père excitant mon courroux,
Je pars, je viens à Troie : elle cède à mes coups.
Alors, il t'en souvient, pour venger ma patrie,
Dans le palais forcé qu'elle fut ma furie !
Tu vis à quel excès j'en poussai les transports.
Je courois à travers et la flamme et les morts.
J'arrive, tout sanglant, aux lieux où Polixène
Attendoit le moment de sa perte certaine.
Là des femmes en foule, et sa mère et ses sœurs
Embrassoient un autel arrosé de leurs pleurs.
De la Fosse.

On regardoit Polixène comme la cause de la mort d'Achille. Pyrrhus l'immola sur le tombeau que les Grecs avoient élevé à ce héros sur le promontoire de Sigée :

    Eh bien ! de votre père
Troie en cendres n'a point assouvi la colère....
Il faut à ce héros quelque chose de plus :
Mon sang.... Tous les délais sont ici superflus.
Pour répondre à l'honneur qui me fait tant d'estime,
Hâtons nos pas, allons lui livrer sa victime.
De la Fosse.

Andromaque, fille d'Eétion, roi de Thèbes, épouse d'Hector, avoit caché son fils Astyanax dans le tombeau de ce héros. Ulysse l'en retira par adresse, et le fit précipiter du haut d'une tour. Pyrrhus emmena Andromaque en Epire, et l'épousa.

Hélène, qui étoit la cause de cette guerre, se cacha dans le temple de Minerve, et regagna les bonnes grâces de Ménélas, en lui livrant Déiphobe, fils de Priam, qu'elle avoit épousé après la mort de Pâris, tué par Pyrrhus dans un combat singulier.

Les Grecs ayant réduit en cendres la ville de Troie, après en avoir massacré tous les habitants, partagèrent entre eux les dépouilles, et reprirent le chemin de leur patrie :

    Ce ne fut qu'après dix années
    D'épreuves et de travaux constants,
    Que ces glorieux combattants
    Triomphèrent des destinées ;

> Et que loin des bords Phrygiens
> Ils emmenèrent enchaînées
> Les veuves des héros Troyens.
>
> ROUSSEAU.

Troie fut prise et saccagée l'an du monde 2070. On ne finiroit point, si l'on vouloit détailler toutes les circonstances de ce siége. Les Grecs en multiplièrent le nombre presque à l'infini, par l'intérêt qu'ils prenoient à la gloire de leur patrie ; mais ils n'ont pu en dissimuler les malheurs. Eux-mêmes nous apprennent qu'il périt dans cette guerre huit cent quatre-vingt-six mille Grecs. Les Troyens avoient perdu six cent soixante-dix mille hommes avant la prise de leur ville. La flotte des vainqueurs vint donner contre le promontoire Capharée, voisin de l'île d'Eubée, et leurs vaisseaux y furent brisés pour la plupart. Ce n'étoit que le présage des malheurs qui les attendoient, soit pendant leur navigation, soit à leur arrivée dans la Grèce. Le vieux Nestor fut le seul qui regagna heureusement ses Etats.

Agamemnon, entrant dans son palais en vainqueur, fut assassiné par Egisthe, que Clytemnestre avoit épousé pendant la guerre de Troie :

> Agamemnon, vainqueur de tant de rois,
> Revenoit triomphant jouir de ses exploits.

Egisthe, en son absence ayant séduit la reine,
De ses amours furtifs appréhendant la peine,
Au sein de ce grand roi, digne d'un sort plus beau,
Inspira Clytemnestre à porter le couteau ;
Prétextant, pour couvrir sa lâche perfidie,
Qu'elle vengeoit sur lui le sang d'Iphigénie.

La Grange-Chancel.

Oreste, fils d'Agamemnon, fut soustrait, encore enfant, à la fureur d'Egisthe et de Clytemnestre :

Errant et malheureux,
De haïr une mère il eut le droit affreux.
Né pour souiller sa main du sang qui l'a fait naître,
Tel fut le sort d'Oreste, et son dessein peut-être.

Voltaire.

Electre, fille d'Agamemnon, qui avoit sauvé Oreste, traitée en esclave dans le palais de ses pères, traînoit des jours malheureux :

Esclave dans les lieux d'où le plus grand des rois
A l'univers entier sembloit donner des lois,
Qu'a fait aux Dieux cruels sa malheureuse fille ?
Quel crime contre Electre arme enfin sa famille ?
Une mère en fureur la hait et la poursuit ;
Ou son frère n'est plus, ou le cruel la fuit.

Crébillon.

On la représente souvent accablée sous la tyrannie d'Egisthe, impatiente de ne point voir Oreste, et cherchant toujours à venger la mort de son père :

C'est peu qu'en d'autres mains la perfide ait remis
Le sceptre qu'après toi devoit porter ton fils;
Et que, dans mes malheurs, Egisthe qui me brave,
Sans respect, sans pitié, traite Electre en esclave.
. . . .
. . . .
Favorisez, grands Dieux, un si jeune courroux.
Electre vous implore, et s'abandonne à vous.
Pour punir les forfaits d'une race funeste,
J'ai compté trop long-temps sur le retour d'Oreste.
CRÉBILLON.

Oreste échappe aux recherches que fait Egisthe pour le perdre; arrive enfin à Argos, et venge la mort d'Agamemnon, en tuant Egisthe et Clytemnestre. Aussitôt il tombe dans des accès de fureur, pendant lesquels il s'imagine voir l'ombre de sa mère accompagnée de Furies:

Mais quelle épaisse nuit tout-à-coup m'environne?
De quel côté sortir? d'où vient que je frissonne!
Quelle horreur me saisit! Grâce au ciel, j'entrevoi...
Dieux! quels ruisseaux de sang coulent autour de moi!
. . . .
. . . .
Hé bien, filles d'enfer, vos mains sont-elles prêtes?
Pour qui sont ces serpents qui sifflent sur vos têtes?
A qui destinez-vous l'appareil qui vous suit?
Venez-vous m'enlever dans l'éternelle nuit?
Venez; à vos fureurs Oreste s'abandonne.
RACINE.

Oreste consulta l'Oracle, qui lui ordonna d'aller dans la Tauride. Il s'y rendit avec Pilade, son ami fidèle. Tous deux furent arrêtés par l'ordre de Thoas, roi de cette contrée, qui faisoit immoler à Diane les étrangers qui abordoient dans ses Etats.

> J'appris que, pour venger le trépas de son père,
> Ayant trempé ses mains dans le sang de sa mère,
> Tourmenté, déchiré de ce crime odieux,
> Egalement haï des hommes et des Dieux,
> Il en traînoit par-tout l'idée épouvantable ;
> Et que, pour expier ce meurtre détestable,
> Avec un seul vaisseau, guidé par sa fureur,
> Au sein de vos états, au fond de votre cœur,
> Portant au sacrilége une main résolue,
> Il venoit de Diane enlever la statue.
>   La Grange-Chancel.

Oreste étoit le seul dont Thoas desirât la mort. Pilade voulut mourir en sa place : ils se disputèrent long-temps la gloire de sauver la vie à un ami. Iphigénie reconnut son frère, au moment qu'elle alloit l'immoler :

> Armons-nous d'une noble et sainte confiance ;
> L'image de Diane est en votre puissance :
> Pour expier l'horreur dont mon nom est taché,
> A son enlèvement mon sort est attaché ;
> Livrez-la moi. Comblés de gloire et d'alégresse,
> Prenant heureusement les chemins de la Grèce,
> Où mon crime par-là doit enfin s'effacer,
> Ma sœur, parmi nos Dieux, nous irons la placer.
>   La Grage-Chancel.

Oreste et Pilade tuèrent Thoas, pour le punir de ses cruautés ; enlevèrent la statue de Diane, et revinrent dans la Grèce avec Iphigénie. Tel fut le terme des malheurs qui affligèrent la famille d'Agamemnon.

Idoménée, roi de Crète, fut assailli d'une horrible tempête en revenant du siége de Troie. Pour échapper au naufrage, il implora le secours de Neptune, et promit avec serment de lui immoler le premier de ses sujets qu'il rencontreroit dans son île :

Sauve des malheureux si voisins du naufrage,
Dieu puissant ! m'écriai-je, et rends-nous au rivage.
Le premier des sujets rencontré par son roi,
A Neptune immolé satisfera pour moi......
Mon sacrilége vœu rendit le calme à l'onde ;
Mais rien ne put le rendre à ma douleur profonde ;
Et, l'effroi succédant à mes premiers transports,
Je me sentis glacer en revoyant ces bords.
Je les trouvai déserts, tout avoit fui l'orage.
Un seul homme alarmé parcouroit le rivage :
Il sembloit de ses pleurs mouiller quelques débris.
J'en approche en tremblant.... hélas ! c'étoit mon
    fils.
A ce récit fatal, tu devines le reste.
Je demeurai sans force à cet objet funeste ;
Et mon malheureux fils eut le temps de voler
Dans les bras du cruel qui devoit l'immoler.
CRÉBILLON.

Idoménée immola son fils à Neptune ; et les Dieux punirent cet attentat par une peste cruelle qui ravagea la Crète jusqu'au temps où son roi se retira dans la Calabre, et y fonda un nouvel empire.

Ulysse erra pendant dix ans sur toutes les mers, et n'échappa aux dangers qu'il courut, que par la protection de Minerve, qui l'accompagnoit par-tout :

> Lorsqu'à l'époux de Pénélope
> Minerve accorde son secours,
> Les Lestrigons et le Cyclope
> Ont beau s'armer contre ses jours :
> Aidé de cette intelligence,
> Il triomphe de la vengeance
> De Neptune en vain courroucé ;
> Par elle il brave les carresses
> Des Syrènes enchanteresses,
> Et les breuvages de Circé.
>
> Rousseau.

Les Lestrigons étoient un peuple de Cyclopes : ils firent périr tous les vaisseaux d'Ulysse, excepté celui qu'il montoit. Après avoir évité Carybde et Scylla, il tomba entre les mains de Polyphême, qui l'enferma dans un antre avec ses compagnons, afin de les dévorer. Ce Cyclope, fils de Neptune et de Thoosa, étoit si grand, que l'eau de la mer ne lui venoit qu'à la ceinture. Ulysse l'enivra, en l'amusant par le récit du siége de Troie, et lui creva, avec un gros pieu, le seul œil qu'il avoit au milieu du front. Il dit à ses compagnons de s'attacher sous les moutons que Poliphême conduisoit paître sur les bords de la mer : ils sortirent ainsi de la caverne, et s'embarquèrent. Ulysse n'avoit pas couru de moindres dangers dans l'île de Circé, où il avoit fait naufrage. Cette magicienne étoit fille du Soleil et de la Lune :

> J'ai le Soleil pour père,
> Et je tiens de lui ce grand art
> Qui, dans tous les lieux qu'il éclaire,
> Aux honneurs de son rang me donne tant de part.
> Th. Corneille.

Circé, pour retenir Ulysse, changea ses compagnons en bêtes sauvages, par le moyen d'un breuvage qu'elle leur présenta. Minerve fit connoître à Ulysse une plante dont il se servit pour finir cette métamorphose, et remonta aussitôt sur ses vaisseaux. Circé eut en vain recours à son art :

> Dans le sein de la mort ses noirs enchantements
> Vont troubler le repos des ombres ;
> Les mânes effrayés quittent leurs monuments.
> L'air retentit au loin de leurs longs hurlements ;
> Et les vents échappés de leurs cavernes sombres,
> Mêlent à leurs clameurs d'horribles sifflements.
> Rousseau.

Ulysse fit naufrage, et aborda dans l'île de Calypso. Cette Nymphe mit tout en usage pour le retenir, et lui promit de le rendre immortel :

Pour fixer le volage Ulysse,
Jouet de Neptune irrité,
En vain Calypso plus propice,
Lui promet l'immortalité :
Peu touché d'une île charmante,
A Pluton, malgré son amante,
De ses jours il soumet le fil ;
Aimant mieux dans sa cour déserte
Descendre au tombeau de Laërte,
Q'être immortel dans un exil.

GRESSET.

Pendant qu'Ulysse luttoit contre le Sort qui lui fermoit l'entrée de sa patrie, Pénélope son épouse avoit à se délivrer des importunités de plusieurs princes qui vouloient l'épouser, et prétendoient que le roi d'Ithaque avoit péri dans la ruine de Troie. Pénélope promettoit de se décider quand elle auroit achevé une toile qu'elle travailloit. Elle défaisoit la nuit ce qu'elle en avoit fait pendant le jour : de-là vient que, pour désigner un ouvrage fort long à finir, on l'appelle l'*ouvrage de Pénélope*. On regarde cette reine comme la femme la plus vertueuse de la Grèce, et même de l'antiquité fabuleuse :

Ulysse, après vingt ans d'absence,
De disgraces et de travaux,
Dans le pays de sa naissance
Vit finir le cours de ses maux.

ROUSSEAU.

Il arriva enfin à Ithaque, où il vécut peu de temps heureux. Il remit ses Etats à son fils Télémaque, et périt par la main de Télégone, qu'il avoit eu de Circé. Ainsi s'accomplit l'Oracle, qui lui avoit prédit qu'il tomberoit sous les coups de son fils.

La destinée des Troyens fut, dans un sens, moins funeste que celle des Grecs. Enée, prince du sang royal, fils d'Anchise et de la Déesse Vénus, échappa à la ruine de Troie, par les ordres et avec le secours de sa mère. Il chargea son père sur ses épaules, prit son fils Iule, ou Ascagne, par la main, et emporta les Dieux tutélaires de sa patrie. Il étoit destiné à fonder un empire qui s'étendroit d'abord sur les vainqueurs des Troyens, et embrasseroit toute la terre. Il rassemble tous ceux qui avoient échappé à la fureur des Grecs, et s'embarque avec eux; erre pendant sept ans de mers en mers, exposé aux effets de la haine que Junon conservoit encore contre le nom troyen. Ce prince vertueux apaise la colère de la reine des Dieux, aborde à Carthage, dans le temps que Didon, fille de Methrès ou Bélus, roi de Tyr, en bâtissoit les murs. Il y est retenu pendant quelque temps, quitte cette contrée par l'ordre de Jupiter. Didon en est au désespoir; elle se perce d'un poignard, et expire, après avoir demandé aux Dieux qu'une haine implacable divise Rome et Carthage. Enée aborde en Italie, soutient la guerre contre Turnus, roi des Rutules, et le tue dans un combat. Il épouse Lavinie, fille de Latinus, roi du pays Latin, fonde l'Empire Romain; et, après sa mort, il est enlevé au ciel par Vénus. On l'honoroit à Rome sous le nom de *Jupiter indigète*.

C'est ainsi que les poëtes nous conduisent, par la fable, jusqu'au temps où l'histoire commence à se fixer par l'époque de la fondation de Rome.

Quelque fabuleuses que paroissent toutes les histoires répandues dans la Mythologie, on y découvre cependant beaucoup de choses véritables, et des allégories très propres à former le cœur et à orner l'esprit.

Quand les poëtes ont feint que le Ciel étoit le père de Saturne ou du Temps, ils prétendoient exprimer ce mouvement des cieux, annuel et journalier, qui règle l'espace des jours, des mois, des années et des siècles. Comme la rapidité du temps égale son ancienneté, et qu'il détruit l'ouvrage qu'il a produit, ils ont représenté Saturne sous la figure d'un vieillard qui porte une faulx et des ailes, et qui dévore ses enfants. Prométhée avoit humanisé un peuple grossier et accoutumé à une vie sauvage; ce qui est, pour ainsi dire, donner une ame à des corps brutes et informes. On dit qu'Atlas portoit le ciel sur ses épaules, parce qu'il montoit souvent sur un lieu élevé pour y observer les astres. On donne des aîles à Icare, à l'aide desquelles il fend les airs, et s'échappe d'un labyrinthe, parce qu'il avoit trouvé le moyen de faire aller les vaisseaux à la voile; et on fait tomber dans la mer, Icare, qui voloit trop haut, afin de marquer l'indiscrétion de la jeunesse, trop présomptueuse, en général, pour garder un juste milieu. Les avares sont représentés dans Tantale; les cruels dans Lycaon, etc. Les vices sont presque toujours punis. Tout ce que l'on peut trouver de répréhensible dans la morale et dans les Dieux du paganisme, doit servir à mettre sous les yeux les précipices affreux où l'on tombe quand on perd de vue les lumières de la raison, et quand on s'écarte des principes que l'Auteur de la nature a gravés dans le cœur de tous les hommes.

TABLE
DES NOMS ET DES MATIÈRES
PROPRES A SERVIR DE
DICTIONNAIRE POÉTIQUE.

A BONDANCE (corne d'), page 20
Absyrthe, frère de Médée, mis en pièces par
    sa sœur, 148
Abyla, une des colonnes d'Hercule, 130
Acheloüs, fleuve vaincu par Hercule, 133
Achéron, fleuve des enfers, 98-100
Achille, fils de Thétis et de Pelée, est rendu
    invulnérable, 169
  Est élevé par le centaure Chiron, *ibid.*
  Préfère la gloire aux années, *ibid.*
  Est caché par sa mère, et découvert par Ulysse, 171
  Se brouille avec Agamemnon, 176
  Tue Hector, 177
  Veut épouser Polixène, et périt par la main
    de Pâris, 178
  Les Grecs lui élèvent un tombeau, sur lequel
    Polixène est immolée, 181
  A quel titre il étoit placé au rang des Dieux, 3
  Il a été chanté par Homère, 4
Acrise, roi d'Argos, père de Danaé, 25-123
  Est tué par Persée, 124
Actéon, changé en cerf par Diane, 51

Admète, roi de Thessalie, époux d'Alceste, 131
Admète, ses troupeaux sont gardés par Apollon, 33-65
Adonis, chasseur, 67
Adrastée, 113. *Voyez* Némésis.
Aëllo, une des Harpies, 87
Agamemnon, fils de Plistène, petit-fils d'Astrée, 167
   Epoux de Clytemnestre, 143
   Quels étoient ses ancêtres, 164
   Est déclaré chef de l'armée des Grecs, *ibid.*
   Sacrifie sa fille Iphigénie, 176
   Se brouille avec Achille, *ibid.*
   Est assassiné par Egisthe et Clytemnestre, 182
   Sa mort est vengée par Oreste, 184
Age d'or, 15-17-19
   Astrée en faisoit le bonheur, 112
Age d'argent, 15
Age d'airain, 16
Age de fer. *ibid.*
Ages (les quatre), 14
Agénor, roi de Phénicie, 26
   Père de Cadmus et d'Europe, 155
Aglaïa, une des trois Grâces, 69
Aigle, de Jupiter, 28
   Ce Dieu en prend la forme, 26
Ailes du Temps, 13
   De Mercure, 63-64-65
   De Cupidon, 70. De Psyché, 71
   De Dédale et d'Icare, 138-192
Air, père d'Echo, 120
Ajax, fils d'Oïlée, 172
Ajax, fils de Télamon, *ibid.*

Alceste, se dévoue à la mort pour Admète, 131
  Est retirée des enfers par Hercule, 132
Alcide, nom donné à Hercule, 126-129
Alcmène, trompée par Jupiter, 27
  Epouse d'Amphitrion, et mère d'Hercule, 125
Alcyone, fille d'Eole, 89
Alcyons, oiseaux qui font leur nid sur la mer, *ibid.*
Alecton, une des Furies, 98
Alectrion, écuyer de Mars, 79
Alexandre, fils de Priam, 174. *Voyez* Pâris.
Alexandre-le-Grand, roi de Macédoine. Le temple d'Ephèse est brûlé le jour même de sa naissance, 54
  Au sac de Thèbes, il épargne la maison de Pindare, 156
Alexandrie, description du Phare, l'une des sept merveilles du monde, 56
Aoléüs, envoie ses fils à la guerre des géants, 21
Aloïdes, géants célèbres, 21-22
Aloüs, ses fils emprisonnent Mars, 80
Alphée, changé en fleuve par Diane, 51
Altée, reine de Calidon, se rend odieuse à Diane, *ibid.*
  Fait périr Méléagre, 53
  Se tue elle-même, *ibid.*
Amalthée, nom de la chèvre qui alaita Jupiter, 20
  Elle est placée au ciel, *ibid.*
  Au nombre des signes du Zodiaque, 184
  Sa peau couvre l'égide de Pallas, 76
Amathonte, 68
Amazones, femmes guerrières, vaincues par Hercule, 128

Amazones, vaincues par Bellérophon,	145
Par Thésée et Pirithoüs,	140
Ambre, larmes des Héliades,	37
Ambroisie, nourriture des Dieux,	27
Ammon, nom que les Egyptiens donnent à Jupiter,	28
Amour, fils de Vénus, 67-70. *Voyez* Cupidon.	
Amour fraternel,	142-143
Amphion, fils de Jupiter et d'Anthiope,	5-25
Musicien célèbre,	156
Amphitrite, mise au rang des Dieux,	2
Epouse de Neptune,	85
Comment on la représente,	86
Amphitrion, époux d'Alcmène,	27-125
Anchise, prince Troyen,	67
Père d'Enée,	190
Androgée, fils de Minos,	137
Andromaque, épouse d'Hector,	181
Andromède, délivrée par Persée,	124
Changée en constellation,	*ibid.*
Antée, puni par Hercule,	230
Anthiope, mère d'Amphion,	25-156
Antigone, fille d'OEdipe,	161
Antre habité par l'Envie,	114
Apollon, fils de Jupiter et de Latone,	32
Mis au rang des Dieux,	2
Père d'Orphée,	152
Dieu des bergers,	33
Bâtit les murs de Troie,	34
Se venge de Laomédon,	*ibid.*
Conduit le char du Soleil,	34
En confie la conduite à Phaéton,	35
Est surnommé *Phébus* et *Père du Jour*,	34

Apollon, considéré comme le Dieu de la poésie,
de la musique et des beaux-arts, 37
Emblême de l'enthousiasme poétique, 5
Dieu des poëtes, 37
— de la poésie, *ibid.*
— des Oracles, 39
Chef et maître des Muses, 37
Rassemble en lui seul tous les talents, 43
Change la nymphe Castalie en fontaine, 38
Poursuit Daphné, 41
Se venge de Laomédon, 34
Punit le satyre Marsyas, 42
Et le roi Midas, *ibid.*
Fait vivre Nestor pendant trois âges d'hommes, 168
Est volé par Mercure, 65
Lieux fameux par ses oracles, 39
Ses temples, *ibid.*
Pourquoi le laurier lui étoit-il consacré ? 41
Comment est-il représenté ? 34-37
Apothéose, 100
Arbres qui rendoient des oracles, 41
Arc de Cupidon, 70
Arc-en-ciel, 32
Arcadie, 117
Arcadiens, honorent particulièrement le Dieu
Pan, *ibid.*
Arcas, fils de Jupiter et de Calisto, 27
Mis à mort par Lycaon, 166
Aréthuse, nymphe changée en fontaine, 94
Argo, nom du vaisseau que montoient les Argonautes, 146
Argonautes, troupes de héros qui firent la
conquête de la Toison d'or, *ibid.*

Argonautes, célèbres dans l'histoire de la Fable, 3
Argos, ville du royaume de la Grèce, 143
Argus, surveillant de Jupiter, 30
   Garde Io, *ibid.*
   Est endormi, tué par Mercure, est changé en Paon, *ibid.*
Ariane, fille de Minos, 137
Aricie, fille de Pallante, 135
Arion, musicien célèbre, 156
Arrêt du Sort ou du Destin, 9-10-11
   Des trois Juges des Enfers, 103
Artémise, épouse de Mausole, 55
Ascagne, fils d'Enée, 190
Ascalaphe, fils de la Nuit et de l'Achéron, 94
Asope, père de Platée, 29
Assaracus, prince Troyen, 174
Astrée, ou la Justice, 111
   Emblème de l'Age d'or, 4
   Déesse de la Paix, 111
   Sa balance est placée au ciel, 83
Astres, 48
Astrononomie, la Déesse qui y préside, *ibid.*
Astyanax, fils d'Hector, 181
Atalante, épouse de Méléagre, 52
Athamas, fils d'Eole, 146
   Epoux d'Ino. 91
   Objet de la haine de Junon. *ibid.*
   Possesseur du bélier qui portoit la Toison d'or, 146
Athènes, son origine et sa gloire, 76
Athéniens, punis par Minos, 137
Atlas, observoit les astres, 192
   Est changé en rocher, 124
   Hercule soutient le ciel en sa place, 129

Atrée, aïeul d'Agamemnon, 143
   Sa haine contre Thyeste, 165-166
Atrides, nom que l'on donne à Agamemnon et
   à Ménélas, 167
Atropos, une des trois Parques, 103
Attributs des Muses, 44 à 49
   De Momus, 109
Augias, roi d'Elide, 129
Aulide, ville de Béotie; l'armée des Grecs s'y
   rassemble, 175
Autel de Diane, en Tauride, 53
Automne, Dieu qui préside à cette saison, 108
Avares, représentés dans Tantale, 192
Aviron, attribut du Temps, 13

B.

BABYLONE, ses murs et ses jardins, 57
Bacchanales, fêtes en l'honneur de Bacchus, 62
Bacchantes, prêtresses de Bacchus, *ibid.*
   Elles mettent en pièces Orphée, 154
Bacchus, fils de Jupiter et de Sémélé, 58
   Mis au rang des Dieux, 2
   Sa naissance, 59
   Reste seul dans le ciel avec Jupiter, 21
   Ses conquêtes; son courage pendant la guerre
   des géants, 60
   Présent funeste qu'il fait à Midas, 42
   Vengeance qu'il tire de Lycurgue et de Pen-
   thée, 62
   Les sacrifices qu'on lui faisoit, 61
   Ses fêtes étoient célèbres, 62
   Comment on le représente, 61
Baguette de Mercure, 65

Balance de Thémis,	111
Signe du Zodiaque,	83
Bandeau de Thémis,	111
De Cupidon,	70
Barque de Caron,	99
Battus, changé en pierre de touche,	65
Beauté, Déesse qui y préside,	66
Bel, 97. *Voyez* Bélus.	
Bélides, nom donné aux Danaïdes,	97
Bélier, sous la forme duquel les Egyptiens adoroient Jupiter,	28
Bélier, qui portoit la Toison d'or,	146
Bélier, signe du Zodiaque,	83
Bellérophon, combat la Chimère,	144
Triomphe des Amazones et des Solimes; épouse Philoné,	145
Bélus, empereur des Assyriens,	1
Bélus, roi de Tyr, père de Didon,	190
Bélus, père de Danaüs,	97
Bellone, Déesse de la Guerre,	76
Emblème du courage,	5
Comment on la représente,	76
Bergers, chargés d'élever Neptune,	85
Pourquoi Apollon est leur Dieu,	33
Biche aux pieds d'airain,	128
Biche substituée à la place d'Iphigénie,	176
Bident, sceptre du Pluton,	95
Boîte de Pandore,	24
Bootes, constellation,	27
Bouc, immolé à Bacchus,	61
Bouclier de Minerve, sa vertu,	125
De Pallas,	76
Brennus, sa défaite,	147

Briarée, l'un des Titans, 21
Briséis, captive d'Achille, 176
Brisès, prêtre de Jupiter, ibid
Brodequins, 45
Bûcher d'Hercule, 134
Bûcher d'Etéocle et de Polinice, 163
Busiris, roi d'Egypte, puni par Hercule, 128

C.

Cacus, tué par Hercule, 129
Cadmus, père d'Ino, 91
   Frère d'Europe, 154
   Cherche sa sœur Europe, 155 ; bâtit la ville de Thèbes, délivre Hermione, et l'épouse, 155
Cadmus, père de Sémelé, 58
   A quel titre il étoit placé parmi les Dieux, 5
Caducée, son origine, 65
   Son usage, ibid.
Calchas, fameux devin, 175
Calisto, mère d'Arcas, 166
   Nymphe de Diane, 27
   Sa métamorphose, 27-166
Calliope, une des neuf Muses 42-44
   Comment on la représente, 44
Calomnie, honorée comme une divinité, 3
Calpé, une des colonnes d'Hercule, 130
Calydon, 53-133
Calypso, nymphe, 188
Capharée, promontoire, 182
Capricorne, signe du Zodiaque, 84
Caron, son emploi aux Enfers, 99
   Il reçoit dans sa barque Hercule vivant, 132
   Et Orphée, 153

Carthage, bâtie par Didon,	190
Carybde, punie par Hercule et changée en monstre,	91
Goufre voisin de la Sicile,	90
Ulysse l'évite,	*ibid.*
Cassiope, punie par Junon,	124
Changée par Jupiter en constellation,	*ibid.*
Castalie, nymphe changée en fontaine,	38
Castor, fils de Tindare et de Léda,	26-142
Reprend sa sœur Hélène,	140
Est changé en astre,	144
Mis au nombre des signes du Zodiaque,	83
Placé au ciel avec son frère,	144
Dont il partage l'immortalité,	143
A quel titre il est au rang des Dieux,	3
Caucase, mont célèbre, sur lequel Prométhée fut enchaîné,	23
Cecrops, fondateur d'Athènes,	75
Ceinture de Vénus,	67-68
Céléno, une des Harpies,	87
Centaure Chiron,	33
Un des signes du Zodiaque,	84
Centaure Nessus,	133
Centaures, défaits par Thésée,	139
Céphée, roi d'Egypte, père d'Andromède,	124
Céphise, père de Narcisse,	120
Cerbère, chien à trois têtes,	95
Gardien des enfers,	101
Dévore Pirithoüs,	140
Est enchaîné par Hercule,	101-132
Cercyon, fameux brigand,	136
Cérès, fille de Saturne et de Cibèle,	107
Mère de Plutus,	106

Cérès, perd sa fille Proserpine,	108
La cherche par toute la terre, et la trouve aux Enfers,	93-108
Comment on la représente,	108
Ceyx, époux d'Alcyone,	89
Champs Elysées, 104. Voyez *Elysée*.	
Chaos, ce qu'il étoit,	8-9
Les poëtes le font père du Destin,	9
De l'Erèbe et de la Nuit,	101
Char du Soleil,	23-34
Chaste Diane,	51
Chastes Sœurs, Filles de Mémoire, etc., noms que l'on donne aux Muses,	43
Chêne consacré à Jupiter,	28
Chersonèse-Taurique,	176
Cheval de bois,	183
Chevaux du char du Soleil,	34
Chevaux marins,	86
Cheveux d'or de Ptérélaüs,	125
Chèvre Amalthée,	20
Une des signes du Zodiaque,	84
Chien à trois têtes,	101-128
Chimère, monstre, vaincue par Bellérophon,	144-145
Chiron le centaure,	33
Nourrit Achille,	84
Un des signes du Zodiaque,	84
Chypre, île consacrée à Vénus,	68
Ciel, confondu dans le chaos,	8
Le père et le plus ancien des Dieux,	11
Leur assigne des places,	12-81-82
Il est appelé l'Olympe,	29
On y place les Dieux du premier ordre,	2

Ciel céleste poétique,	80
Circé, fameuse magicienne, change Scylla en monstre,	90
Ulysse évite ses enchantements,	188
Ciseaux des Parques,	103
Claras, ville d'Ionie,	39
Climène, mère de Phaéton,	35
Climène, mère d'Atlas,	124
Climène, mère de Prométhée,	23
Clio, une des neuf Muses,	42-48
Mère d'Orphée,	152
Comment on la représente,	48
Cloris, mère de Nestor,	168
Clotho, une des trois Parques,	103
Clytemnestre, fille de Léda,	26-143
Epouse d'Agamemnon, qu'elle assassine,	143-182
Cocyte, fleuve des enfers,	99-100
Colchide,	83
Colombes, consacrées à Vénus,	68
Colonnes, d'Hercule,	130
Colosse de Rhodes, une des sept merveilles du monde,	54
Combat singulier d'Etéocle et de Polinice,	162-163
Combats, la Déesse qui y préside,	76
Comédie, la Déesse qui y préside,	45
Cométho, fille de Ptérélaüs,	125
Commerce, le Dieu qui y préside,	64
Comus, Dieu des festins,	109
Conque marine, trompette des Tritons,	86
Constellations,	20-83-124
Coq, consacré à Mars,	80
Corne d'abondance,	20
Corybantes,	19

Cothurne,	45
Couleuvres des Furies,	98
Coupe d'Atrée,	165
Couronne de laurier,	37
Récompense des poëtes,	41
Créon, roi de Corinthe,	156
Crète, île célèbre ; Jupiter y est élévé,	19
Elle est ravagée par la peste,	187
Créüse, épouse de Jason,	150
Croissant de Diane,	50
Cupidon,	67
Fils de Vénus et de Mars,	70
Description de son temple,	71
Son caractère,	70
Comment on le représente,	ibid.
Culte qu'on lui rend,	71
Cyanée, nymphe changée en ruisseau,	94
Cybèle,	18
Mise au rang des Dieux,	2
Sauve Jupiter,	13
Et Neptune,	85
Elle est distinguée de Cérès,	107
Comment on la représente,	18
Cyclopes, forgerons de Vulcain,	72
Tués par Apollon,	33
Cygne, Jupiter en prend la forme,	26
Cygnes consacrés à Vénus,	68
Cygnus, ami de Phaéton,	36
Cypris, nom donné à Vénus,	66
Cyrianesse, punie par Junon,	31
Cyrrha, ville de la Phocide,	39
Cythère, île consacrée à Vénus,	68
Cythéron, mont célèbre,	65 - 157

D.

DANAÉ,	25
Mère de Persée,	123
Danaïdes, filles de Danaüs,	153
Leur supplice aux Enfers,	96 - 97
Danaüs, roi d'Argos,	97
Danse, la Déesse qui y préside,	49
Daphné, sa métamorphose,	41
Dardanus, fondateur de Troie,	173
Dauphin, attiré par les sons de la lyre d'Arion,	156
Dédale,	138
Avoit trouvé le moyen de faire aller les vaisseaux à la voile,	192
Déesse de mémoire, 42 - 48. De la sagesse,	74
Aux cent voix, 112. Des beaux-arts,	74
Des combats, 76. Des chasseurs, 50. De la vengeance,	113
Déesse des eaux, des forêts,	87
Du sacré vallon, nom donné aux Muses,	43
Déidamie, épouse d'Achille,	171
Mère de Pyrrhus,	179
Déioné, beau-père d'Ixion,	96
Déiphobe, fils de Priam,	174
Epouse Hélène,	143
Est livré à Ménélas,	143 - 181
Déjanire, épouse Hercule,	133
Lui cause la mort,	*ibid.*
Délos, île rendue stable,	32
Lieu de la naissance d'Apollon et de Diane,	32 - 39
Célèbre par les oracles d'Apollon,	39
Delphes (les Oracles de),	*ibid.*

Delphes, le temple est pillé par les Gaulois, 118
Déluge de Deucalion, 39
Demi-Dieux, 2 - 123
    Ce qu'ils étoient, 3
Dés (jeux de), 172
Destin, son origine, 9 - 10
    Combien les Dieux lui sont soumis, 94
    Comment on le représente, 9
    Description de son temple, 10
Deucalion, 39
Diane, sa naissance, 32
    Est mise au rang des Dieux, 2
    Sous quels rapports les poëtes la distinguent, 49
    Elle préside à la chasse, 50
    Se venge d'Altée; punit Actéon, 51. Orion, 84
    Des Nymphes, des chasseurs, etc. 51
    Comment on l'honoroit à Calydon, à Patras, à Magnésie, à Athènes, à Ephèse, 53 - 54
    En Tauride, 53 - 185
    Elle sauve Thésée, 142
    Tue le géant Tityus, 96
    Transporte Hippolyte en Italie, 142
    Et Iphigénie dans la Chersonèse-Taurique, 176
    Sa statue est enlevée par Oreste et Pilade, 186
    Comment elle est représentée, 50
Didon, reine de Carthage, 190
Dieu, qui préside à la nuit éternelle, 101
Dieu, qui préside aux mines d'or et d'argent, 106
Dieux du premier ordre, 2 - 8
    Du second ordre, 2 - 107
    Le rang qu'ils tenoient sur la terre, dans la mer et aux enfers, 2

Dieux, leur nombre, la différence mise entre eux, 2-81
Ils quittent le ciel, 21
Habitent la terre, 17-20
Sont indignés contre Jupiter, 24
Font leurs présents à Pandore, *ibid.*
Se partagent en faveur des Grecs et des Troyens, 173
Dieux domestiques, 121
Dieux Termes, *ibid.*
Dimas, père d'Hécube, 174
Diomède, roi de Thrace, 128
Diomède, se distingue au siége de Troie, 172
Blesse le Dieu Mars, 80
Enlève le Palladium, 78-179
Dioné, Nymphe qu'on dit être la mère de Vénus, 66
Discorde, honorée comme une Divinité, 3
Son caractère et son portrait, 115
Elle régnoit sur le chaos, 8
Elle jette la pomme d'or destinée à la plus belle, 68-69
Divinités, Célestes, 8. Terrestres, 107
Maritimes, 85-86-87. Infernales, 93
Champêtres, 117
Allégoriques, 9-13-107
Doctes Fées, doctes Sœurs, noms donnés aux Muses, 43
Dodone, forêt célèbre, dont les arbres rendoient des oracles, 41
Doris, fille de l'Océan, épouse de Nérée, et mère des Nymphes, 83-87
Dragon, qui gardoit la Toison d'or, 146-147-148-152

Dragon, qui dévore les compagnons de Cadmus, 155
Dryades, Nymphes des campagnes, 87-119.

E.

EAQUE, l'un des trois Juges aux Enfers, 102
Echanson de Jupiter, 26
Echecs (jeu d'), 172
Echo, Nymphe, 6-119
Ecrevisse, un des signes du Zodiaque, 83
Ecuries d'Augias, 129
Eétes, reçoit la toison d'or, 146
   Elle lui est enlevée, 148
Eétion, père d'Andromaque, 181
Egée, roi d'Athènes, père de Thésée, 134
   Se précipite dans la mer, 139
Egée (la mer), 39
Egéon, un des Titans, 21
Egide, bouclier de Pallas, 76
   La tête de Méduse y est attachée, *ibid.*
Egine, mère d'Eaque, 102
Egire, mère de Rhadamante, *ibid.*
Egisthe, épouse Clytemnestre, 143
   Assassine Agamemnon, 182
   En est puni, 184
Egypte, sert de retraite aux Dieux, 21
   Ses pyramides, 57
Egyptus, oncle des Danaïdes, 96
Electre, mère de Dardanus, 173
Electre, fille d'Agamemnon, 143-167
   Ses malheurs, 183-184
Electrion, père d'Alcmène, 125
Eléments, confondus dans le chaos, 8
Eloquence, le Dieu qui y préside, 64

Eloquence, la Déesse qui y préside, 44
Elysée, séjour des hommes vertueux après leur mort, 104-105
  Il est sous l'empire de Pluton, 95
Empire de Pluton, ibid.
Encélade, un des Titans, 21
Enchantements, de Médée, 149
  De Circé, 188
Endymion, 51
Enée, fils de Vénus, 67
  Sa piété envers les Dieux, 121
  Sauve les Divinités tutélaires de sa patrie, 122
  Perd ses vaisseaux, 6
  Echappe à la ruine de Troie, et aborde en Italie, 190
Enéide, poëme de Virgile, 44
Enfers, 94
  Quels Dieux y tiennent le premier rang, 3
Enigme proposée par le Sphinx, 158
  Devinée par Œdipe, 159
Enthousiasme poétique, à quoi on l'attribue, 37
Envie, honorée comme une Divinité, 3
  Son portrait, sa demeure, 115
  Comment on la représente, 114
Eole, Dieu marin, 88. Dieu des Vents, 89
  Ecarte les Troyens de l'Italie, 6
  Comment on le représente, 89
Eole, roi de Thèbes, père d'Athamas, 146
Eolie, demeure des Vents, 6
Eoüs, un des chevaux du Soleil, 34
Epaphus, fils de Jupiter et d'Io, sa querelle avec Phaéton, ibid.
Epée de Thémis, 111
Ephèse, célèbre par le temple de Diane, 54

Ephèse, description de ce temple,	54
Ephialte, géant célèbre, fils d'Aloëus,	21
Epidaure (le géant d'), ville du Péloponèse,	136
Epire,	41
Epiméthée, frère de Prométhée,	24
Erato, une des neuf Muses,	42-43-47
Comment on la représente,	47
Erèbe, fils du Chaos et de la Nuit,	101
Père de Caron,	99
Et de Morphée,	110
Ce qu'il est en effet,	101
Comment on le représente,	110
Erecthée, oncle des Pallantides,	134-135
Erictonius, roi de Troie,	174
Eridan, fleuve d'Italie,	36
Erigone, fille d'Icarius,	83
Erimante, mont célèbre,	128
Erope, épouse d'Atrée,	165
Erostrate brûle le temple d'Ephèse,	54
Esculape, fils d'Apollon,	33
Apprend la médecine du centaure Chiron,	84
Rend la vie à Hippolyte,	33-142
Eson, rajeuni par Médée,	149
Espérance, restée dans la boîte de Pandore,	24
Etéocle, fils d'OEdipe,	161
Refuse de céder le trône à son frère; lui fait la guerre,	162
Et périt,	163
Ethna, montagne qui vomit des tourbillons de feu,	22
Vulcain y établit ses forges, 73. Cérès y place deux flambeaux,	108
Ethon, un des chevaux du Soleil,	34

Etoiles, leurs noms sont pour la plupart empruntés de la Fable, 89
Etolie, délivrée par Thésée, 136
Euménides, 97-98. Voyez *Furies*,
Euphrosine, une des trois Grâces, 69
Euridice, épouse d'Orphée, 101-153-154
Europe, enlevée par Jupiter, 26
   Mère de Minos et de Rhadamanthe, 102
   Une des quatre parties du monde, 26
Eurotas, fleuve célèbre, 33
Euripide, poëte Grec, 164
Euryale, une des trois Gorgones, 123
Eurystée, frère d'Hercule, 126
   En exige douze travaux, 127-128-129
Euryte, un des Titans, 21
Euterpe, une des neuf Muses, 42-43-47
   Comment on la représente, 47
Evène, fleuve, 133
Evocations, 104

F.

FABLE, son origine, 1
   Etendue et perfectionnée par les poëtes, 3
   Elle seule embellit la poésie, 5-6
   Et lui donne des grâces, 5
   L'usage que l'on en doit faire, 6
   C'est d'elle qu'on a emprunté les noms de la plupart des étoiles, 80
   Elle conduit jusqu'aux époques fixes de l'Histoire, 191
   Utilité qu'elle procure, 191-192
Faulx, attribut du Temps, 13
Faune, Dieu des bois, 118
   Comment on le représente, *ibid.*

ET DES MATIÈRES. 213

Faunes, Divinités champêtres,	118-119
Favoris des Muses, nom donné aux poëtes,	43
Festins, le Dieu qui y préside,	109
Fêtes de Bacchus,	62
Feu perpétuel, consacré à Vesta,	19
Fidélité, honorée comme une Divinité,	3
Fil d'Ariane,	138
Filles de mémoire, nom donné aux Muses,	43
Filles de l'Achéron, nom donné aux Parques,	52
Firmament, demeure des Dieux,	12-81
Flambeau de la Discorde,	115
Flèches, de Cupidon,	70
d'Hercule,	134
Fleuve d'oubli,	100
Fleuves des Enfers,	95-99
Floraux, jeux en l'honneur de Flore,	108
Flore, Déesse des fleurs,	ibid.
Le rang qu'elle tenoit sur la terre,	3
Comment on la représente,	108
Flotte des Grecs, composée de douze cent quatre-vingt-dix voiles,	175
Flûte, inventée par le Dieu Pan,	117
De Pan,	7
D'Euterpe,	43-46
Forges de Vulcain,	73
Fortune (la),	113
Foudre (la), de Jupiter,	28
Fourmis, changées en hommes,	102
Fraude (la), honorée comme une Divinité,	3
Fureur (la), honorée comme une Divinité,	ibid.
Fureurs d'Oreste,	184
Furies, leur emploi aux Enfers,	98
Fuseau des Parques,	103

G.

GANIMÈDE, fils de Tros,	174
Enlevé par Jupiter,	26-173
Un des signes du Zodiaque,	84
Gaulois, veulent piller le temple de Delphes,	118
Géants, fils de Titan et de la Terre,	20
Voyez Titans et Cyclopes.	
Géant d'Epidaure,	136
Gémeaux, ou Jumeaux,	144
Signe du Zodiaque,	83
Génie, Divinité,	122
Génies, blancs et noirs,	*ibid.*
Gérion, roi d'Espagne,	128
Gibraltar, détroit qui joint la Méditerranée à l'Océan,	130
Glaucus, roi de Corinthe, père de Bellérophon,	144
Glaucus, pêcheur, changé en Dieu marin,	88
Gnide, temple célèbre,	68
Gorgone, emblême des remords que cause le crime,	5
Gorgone, Méduse,	38
Gorgones,	104
Combattues par Persée,	123
Leurs noms,	*ibid.*
Grâces, filles de Vénus,	67
Leurs noms,	69
Elles sont l'emblême des qualités aimables,	5
Et président à tous les arts d'agrément,	69
Sont admises à la table des Dieux,	27
Et invoquées par les poëtes,	69
Grecs, apprennent à mettre de la différence entre les Dieux,	2

ET DES MATIÉRES. 215

Grecs, quelle étoit leur ambition, 75
  Surprennent la ville de Troie, s'en rendent les maîtres, etc. 179
  En partagent les dépouilles, 181
  Quels étoient leurs chefs pendant cette guerre, 172
Guerre (la), honorée comme une Divinité, 3
  Son portrait, 16
Guerre de Troie, 164
  Célèbre dans l'Histoire de la Fable, 3
  Ses causes, 171
  Ses succès, 181. Ses suites, 182

H.

HAINE d'Atrée et de Thyeste, 165-166
  Ses effets dans Etéocle et Polinice, 161-162-163
Hamadryades, Nymphes des forêts, 87
Harmonie; on lui attribue l'ordre qui règne dans l'univers, 8-9
Harpies, filles de Neptune et d'Amphitrite, 86
Harpocrate, nom donné au Silence, 110
Hébé, Déesse de la Jeunesse, 27-29-173
  Remplacée par Ganimède, 27-84
  Epouse Hercule, 134
Hécate (triple), 49
  Son pouvoir aux Enfers, 50
Hector, prince Troyen, 172-174
  Reconnoît Paris, 175
  Ses exploits pendant le siége de Troie, 172-177
  Sa mort et ses funérailles, 178
  Homère a célébré sa gloire, 115
Hécube, épouse de Priam, 174
Hélène, fille de Jupiter et de Léda, 26-143

Hélène, enlevée par Thésée et Pirithoüs,	140
Par Pâris,	143-173
Se réconcilie avec Ménélas,	143-181
Sa mort,	143
Hélénus, fils de Priam,	174
Héliades, sœurs de Phaéton,	36
Hélicon,	37
Hellé,	83
Hellespont, origine de ce nom,	ibid.
Hercule, fils de Jupiter et d'Alcmène,	125
Sa brillante destinée,	126
Est élevé par le centaure Chiron,	84
Persécuté par Junon,	31
Ses douze travaux,	127-128-129
On l'appelle *Alcide*,	129
Il joint la Méditerranée à l'Océan,	130
Délivre Prométhée,	24-129
— Hésione,	130
Descend aux Enfers, et en retire Alceste,	101-132
Enchaîne Cerbère, et s'en fait suivre,	ibid.
Punit Carybde,	90
— Antée,	130
— Laomédon, 131. Le centaure Nessus,	133
Massacre la famille de Nélée,	168
Laisse amollir son courage; file aux pieds d'Omphale; épouse Déjanire,	133
Sa mort et son apothéose,	134
Est mis au rang des Dieux,	1
A quel titre,	ibid.
Hermione,	91
Délivrée par Cadmus,	155
Qu'elle épouse,	ibid.

Héros, célèbres dans l'Histoire de la Fable, 3
   Mis au rang des Demi-Dieux, 123
Hésione, tante de Pâris, 173
   Délivrée par Hercule, 130
   Et emmenée dans la Grèce, 174
   Reprise par Pâris, 173
Hespérides, 129
Heures, elles nourrissent Vénus, 66
Hibou, consacré à Pallas, 76
Hippocrène, 38
Hippodamie, épouse de Pélops, mère d'Atrée et de Thyeste, 164
Hippodamie, épouse de Pirithoüs, 139
Hippolyte, reine des Amazones, 140
Hippolyte, fils de Thésée, calomnié par Phèdre, 140
   Puni malgré son innocence, 142
   Rendu à la vie par Esculape, 33-142
   Sauvé par Diane, 142
Hirondelle, 167. Voyez *Progné*.
Histoire, Déesse qui y préside, 48
Homère, comparé à Amphion, 5
   En quel sens on peut l'appeler le père des Dieux, 4
   Ses poëmes, 44
Honneurs divins, rendus au Soleil et à la Lune, 1
   Aux rois et aux héros, 2
   Aux vertus et aux vices, 3
Hyacinthe, tué par Apollon, et métamorphosé en fleur, 33
Hydre de Lerne, 83-127
Hymen, fils de Vénus, 67

Hypermnestre, l'une des Danaïdes, sauve la vie à Lyncée, 96

I.

ICARE, fils de Dédale, 138
    Emblême de l'indiscrétion de la jeunesse, 139
Icarienne (mer), ibid.
Icarius, père d'Erigone, 83
Ida, montagne de Phrygie, 69
    Célèbre par le jugement de Pâris, 175
Idalie, 71
Idolâtrie des Egyptiens, 22
    Son origine, 21
Idoles adorées 1
Idoménée immole son fils à Neptune, 186
Iliade, poëme d'Homère, 44
Ilion, nom de la ville de Troie, 80-174
    Voyez Troie.
Ilus, roi de Troie, 174
Inachus, père d'Io, 30
Indes, conquises par Bacchus, 60
Ino, fille de Cadmus, mère de Mélicerte, 91
    Elève Bacchus, dont elle étoit la tante, 59
    Trompe Thémisto, 91
    Se précipite dans la mer, 92
    Est mise au rang des divinités marines, 88-92
Io, fille d'Inachus, gardée par Argus, 30
Iobatès, roi de Lycie, père de Philoné, 145
Ioïcos, capitale de la Thessalie, 83-151
Iole, Hercule veut l'épouser, 133
Ionie, 39-54
Iphigénie, fille d'Agamemnon, 167

Iphigénie, fille de Clytemnestre,	143
Est sacrifiée à Diane,	176
Reconnoît son frère Oreste,	185
Et revient dans la Grèce,	186
Ipponoé, punie par Junon,	31
Iris, messagère de Junon,	32
Est métamorphosée en arc-en-ciel,	*ibid.*
Ismène, fille d'OEdipe,	161
Italie, retraite de Saturne,	14
Et d'Enée,	190
Ithaque, patrie d'Ulysse,	171-189
Ithys, fils de Térée,	167
Iüle, fils d'Enée,	190
Ixion, ses crimes et son supplice,	96

J.

JANUS, roi d'Italie, mis au rang des Dieux,	14
Japet, père de Prométhée,	23
Jardins de Babylone,	57
Des Hespérides,	123
Hercule en enlève les pommes d'or,	129
Jardins, Dieu qui y préside,	109
Jasion, père de Plutus,	106
Jason entreprend la conquête de la Toison d'or,	146-147
Epouse Médée, 148. L'abandonne,	150
Et finit ses jours à Iolcos,	151
A quel titre il est mis au rang des demi-Dieux,	3
Jeux, enfants de Vénus,	67
Jeux Floraux,	108
D'echecs, de dés,	172
Jocaste, mère d'OEdipe,	157

TABLE DES NOMS

Jocaste, devient l'épouse d'Œdipe, 159
   Se pend de désespoir, 160
Jugement de Pâris, 173
Juges, aux enfers, 102
Jumeaux, ou *Gémeaux*, 144
   Un des signes du Zodiaque, 83
Junon, mise au rang des Dieux, 2
   Fille de Saturne et de Cybèle, 29
   Sœur et épouse de Jupiter, 20
   Ses enfants, 29. Son caractère, 29-30
   Se brouille et se raccommode avec Jupiter, 29
   Donne le jour à Mars, 78
   Présidoit aux mariages et aux accouchements, 31
   Dispute le prix de la beauté, 69
   Emprunte la ceinture de Vénus, 67-68
   Effets de sa jalousie, 30
   — de sa haine, 91-126-132
   — de sa vengeance, 58-124
   Sa colère cause la guerre de Troie, 173
   Comment on la représente, 32
Jupiter, mis au rang des Dieux, 1
   Sauvé par Cybèle, 13
   Défait les Titans, *ibid.*
   Les foudroie, 22
   Remet son père sur le trône, 20
   Epouse Junon, et partage l'empire du monde avec ses frères, *ibid.*
   Crée des hommes, 23
   Et leur envoie la sagesse, 75
   Se rend maître du tonnerre, 22
   En est surnommé l'arbitre, 4
   Trompe Danaé, 123
   — Alcmène, 126

Jupiter, surprend Léda, 143
  Ses différentes métamorphoses, 25-26-27
  Renferme Bacchus dans sa cuisse, 59
  Donne le jour à Minerve, 73
  Fait son présent à Pandore, 24
  Refuse de juger les trois Déesses qui se disputoient le prix de la beauté, 69
  Rend la vie à Psyché, 70
  — à Pélops, 164
  Change Lycaon en loup, et Arcas en ours, 166
  Foudroie Phaéton, 36
  Précipite Vulcain du haut du ciel, 72
  Sous quelle idée les poëtes le représentent, 28
  Noms qu'on lui donne, 19-28-29
  La forêt de Dodone lui étoit consacrée, 41
  Il est l'emblême du tonnerre, 6
  Et au nombre des planètes, 81
  Comment on le représente, 28
Jupiter Indigète, nom sous lequel Enée étoit honoré à Rome, 191
Jupiter Olympien, statue mise au nombre des sept merveilles du monde, 55
Justice, honorée comme une divinité, 3
  Sa balance est changée en constellation, et mise au nombre des signes du Zodiaque, 83

L.

LABYRINTHE de Crète, 137
Lachésis, une des trois Parques, 103
Laërte, père d'Ulysse, 171
Laïus, roi de Thèbes, 157
  Est tué par son fils OEdipe, 158
Lampétie, sœur de Phaéton, une des Héliades, 36

Lampétuse, sœur de Phaéton, une des Héliades, 36
Lance de Pallas, *ibid.*
Laomédon, roi de Troie, fils d'Ilus, père de Priam, 174
    Est puni par Neptune, 85
    Par Apollon, 34. Par Hercule, 139
Lapithe, fille d'Apollon, 140
Lapithes, peuple de la Thessalie, *ibid.*
Lapria, nom donné à Diane, 53
Lara, nayade, mère des Dieux domestiques, 121
Lares, Dieux domestiques, *ibid.*
Larmes, des Héliades, 36
— des méchants, 100
Larunde, nymphe, 121
Larves, divinités infernales, 98
Latinus, père de Lavinie, 191
Latone, mère d'Apollon et de Diane, 32
Laurier, consacré à Apollon, 41
    Est la récompense des poëtes et des guerriers, *ibid.*
Lavinie, épouse d'Enée, 191
Léarque, fils d'Athamas, 91
Léda, épouse de Tyndare, 142
    Trompée par Jupiter, 26
    Ses enfants, 142
Lemnos, île célèbre par les forges de Vulcain, 73
Lerne, marais célèbre, 127
Lesbos, île consacrée à Vénus, 68
Lestrigons, peuple des Cyclopes, 187
Léthé, un des fleuves des enfers, 99-100
    Il coule autour du palais du Sommeil, 110
Leucophryne, nom donné à Diane, 54

Leucotoé, nymphe,	92
Liberté, honorée comme une divinité,	3
Lion de la forêt de Némée,	127
Un des signes du Zodiaque,	83
Liriope, mère de Narcisse,	120
Livre du Destin,	9-10-11
De Clio,	48
Loi (la), fille de Thémis,	111
Lucine, nom donné à Junon,	31
Lune (la), est adorée par les hommes,	1
Différents noms qu'on lui donne, 9. *V*. Diane.	
Lune, planète,	81
Lybie, mère de Busiris,	128
Lycaon, changé en loup,	166
Emblême de la cruauté des hommes,	192
Lycomède, roi de Scyros,	170
Lycurgue, puni par Bacchus,	62
Lypare ou *Lypara*,	73
Lyre d'Apollon,	37
Enlevée par Mercure,	65
De Calliope,	42
D'Érato, 47. D'Amphion,	156
D'Arion, 156. D'Orphée,	152
De Pindare,	157
Lysippe, punie par Junon,	31

M.

MAGNÉSIE. Diane y avoit un temple magnifique,	54
Maïa, mère de Mercure,	63
Mammon, nom donné à Plutus,	106
Mânes,	99
Par qui elles étoient conduites aux enfers,	102

Mânes, celles qui habitent l'Elysée, 105
Marathon, ville de l'Attique, 136
Marines (divinités), 85
Mars, mis au rang des Dieux, 2
    Fils de Junon, 29. Père de Cupidon, 70
    Son caractère, son portrait, 78
    Emblême de la colère, 5
    Comment il pourvoit à la garde de la Toison d'or, 147
    Rome lui étoit consacrée, 79
    Il est blessé au siége de Troie, 80-172
    Comment on le représente, 79
    Il est délivré par Mercure, 80
Mars, planète, 81
Marsias, puni par Apollon, 41
Massue d'Hercule, 134
    De Melpomène, 45
Masque tragique, *ibid.*
    Comique, *ibid.*
Mausole, roi de Carie, 55
Mausolée, bâti par Artémise, *ibid.*
Mausolées, leur origine, 55
Médée, trahit son père en faveur de Jason, 148
    Rajeunit Eson, fait périr Pélias, 149
    Massacre ses enfants, 150
    Echappe à la colère de Jason, 151
Méduse, une des trois Gorgones, 38
    Est combattue par Persée, 123
    Pégase naît de son sang, 124
    Sa tête est attachée à l'égide, et elle a la vertu de pétrifier ceux qui la regardent, 77
Mégère, une des trois Furies, 98-103
Méléagre, tue le sanglier qui désoloit les

ET DES MATIÈRES. 225

plaines de Calydon; en offre la hure à Atalante qu'il épouse,	52
Méléagre, ses jours dépendent de la conservation d'un flambeau,	*ibid.*
Il meurt,	53
Mélicerte, fils d'Ino,	91
Echappe à la fureur de Thémisto,	92
Se précipite dans la mer, y est changé en Dieu marin,	88-92
Melpomène, une des neuf Muses,	42-45
Comment on la représente,	45
Mémoire (Déesse de),	42
Ménades, 62. *Voyez* Bacchantes.	
Ménale, mont célèbre,	118-128
Ménélas, fils de Plistène,	167
Roi de Sparte,	143-168
Epoux d'Hélène,	143-168-181
Ménœtius, père de Patrocle,	177
Mer (la), confondue dans le chaos,	8
Quels Dieux y tiennent le premier rang,	2
Mère (la grande), nom donné à Cybèle,	18
Mercure, fils de Jupiter et de Maïa,	63
Mis au rang des Dieux,	2
Ses différents emplois,	63-64
Présent qu'il fait à Pandore,	24
Il est le Dieu de l'éloquence, du commerce et des voleurs,	64-65
Le père des Dieux domestiques,	121
Il tire Mars de sa prison,	80
Endort Argus, et le tue,	30-65
Comment on le représente,	64
Mercure, planète,	81
Merveilles du monde, il y en avoit sept,	54

Merveilles, leurs noms et leur description, 54-et suiv.

Messager des Dieux,	63
Messagère de Junon,	32
Mesures, inventées par Mercure,	64
Métamorphoses de Jupiter,	25-26-27
— de Prothée,	88
Méthrès, père de Didon,	190
Midas, puni par Apollon,	42
Mimas, un des Titans,	22
Minerve, sa naissance et ses emplois,	73
Elle est l'emblême de la sagesse,	5
Son nom désigne la prudence,	*ibid.*
Jupiter l'envoie sur la terre,	74
Se dispute avec Neptune,	75
Elle donne un nom à la capitale de la Grèce,	76
L'olivier lui est consacré,	77
Elle accorde son secours à Phaéton,	35
Son bouclier à Persée,	125
Et accompagne toujours Ulysse,	172-187
Sous quels rapports on la distingue,	74
Comment on la représente,	*ibid.*
Minos, roi de Crète, punit les Athéniens,	137
Chef des juges aux enfers,	102
Minotaure, monstre fameux,	136
Tué par Thésée,	138
Mnémosyne, mère des Muses,	42
Moineaux, consacrés à Vénus,	68
Momus, fils du Sommeil et de la Nuit,	109
Mont-Sacré, demeure d'Apollon et des Muses,	37
Morphée, Dieu du Sommeil,	110

ET DES MATIÈRES. 227

Murs de Babylone, une des sept merveilles
    du monde, 57
Muses, 42
  Disciples d'Apollon, 37
  Filles de Jupiter et de Mnémosyne, 42
  Leurs noms et leurs différents emplois, 42 *et suiv.*
  Elles ont les trois Grâces pour compagnes, 69
  Partagent les honneurs et le pouvoir d'Apollon, 43
  Et président aux sciences, aux beaux-arts, et à la poésie, 44
  On les appelle *chastes Sœurs*, 39
  On les appelle *Neuf-Sœurs*, 43
  — *Filles de Mémoire*, 39
  — *Doctes Fées*, etc. 43
  Comment on les représente, 43 *et suiv.*
Myrmidons, 102
Mythologie, signification propre de ce terme, 1
  Son origine, *ibid.*
  Les objets qu'elle embrasse, 2-3
  Ce qui en forme une partie considérable, 2-3
  Les allégories utiles qu'elle présente, 191

N.

NAPÉES, nymphes des prairies, 87
Narcisse, 6
  Sa métamorphose, 120
Nature (la), ce qu'elle étoit avant l'existence du monde, 8
Nauplius, père de Palamède, 172
Nayades, nymphes des fleuves, des rivières et des fontaines, 87-119

Nécessité, mère de Némésis,	113
Nectar, boisson des Dieux,	27-173
Nélée, père de Nestor,	168
Némée, forêt célèbre,	127
Némésis, Déesse de la vengeance,	113
Comment on la représente,	114
Néphélé, épouse d'Athamas,	146
Neptune, Dieu de la mer ; sa naissance,	6-85
Est mis au rang des Dieux,	2
Partage l'empire du monde avec ses frères,	20
Est chassé du ciel,	34
Privé de la divinité,	85
Bâtit les murs de Troie,	34-85
Epouse Amphitrite,	85
Favorise Latone,	32
Fait périr Ajax,	172
Donne des chevaux à Pélops,	165
Exauce les vœux de Thésée,	141
Se venge de Laomédon,	34
Se dispute avec Minerve,	75
Fait naître le cheval Pégase,	76
Il est l'emblème de la tempête,	6
Comment on le représente,	86
Nérée, fils de l'Océan, père des nymphes,	87
Néréides, nymphes de la mer,	*ibid.*
Nessus, centaure tué par Hercule,	133
Voile trempé dans son sang,	*ibid.*
Nestor, roi de Pilos, échappe à la colère d'Hercule,	168
Vit trois cents ans,	*ibid.*
Son retour dans ses Etats, après la guerre de Troie,	182

Neuf-Sœurs, nom donné aux Muses,	43
Ninus, empereur des Assyriens,	1
Noces de Thétis et de Pélée,	68
Nourissons des Muses, nom donné aux poëtes,	43
Nuit (la), Déesse des ténèbres,	98
Epouse du Chaos,	101
Comment on la représente,	110
Nuit éternelle,	101
Numa Pompilius consacre à Vesta un feu perpétuel,	19
Nymphes,	87
Le rang qu'elles tiennent parmi les Dieux,	3
Leurs danses,	119
Elles élèvent Jupiter,	20
Elles sont chargées de l'éducation de Bacchus,	59

O.

Océan, fils de Neptune,	86
Père d'Amphitrite,	85
Des fleuves, et époux de Thétis,	86
Ocypète, une des Harpies,	87
Odyssée, poëme d'Homère,	44
Œdipe est exposé sur le mont Cithéron, et sauvé par un berger,	157
Tue son père,	158
Devine l'énigme proposée par le Sphinx,	159
Epouse sa mère,	*ibid.*
Se crève les yeux, et s'exile,	161
Après avoir partagé l'autorité souveraine entre ses fils,	161
Œil du monde, nom donné au Soleil,	115
Œnée, roi de Calydon,	51

OEnée, père de Déjanire,	133
OEnomaüs, roi d'Elide, vaincu par Pélops,	165
OEnone, nymphe du mont Ida,	175
Oëta, mont célèbre par la mort d'Hercule,	133
Oïlée, père d'Ajax,	172
Oiseaux du lac Stymphale,	128
Olivier, produit par Minerve,	74
Consacré à cette Déesse,	76
Olympe, montagne de Thessalie,	21-22-55
Séjour des Dieux,	29
Noms de ses habitants,	81
Olympie, ville célèbre,	55
Olympien (Jupiter), une des sept merveilles du monde,	ibid.
Ombres, jugées aux enfers,	102
Elles boivent de l'eau du fleuve Léthé,	100
Leur séjour,	96
Comment elles arrivent aux enfers,	98-99
Leurs récompenses,	105-106
Leurs supplices,	98-99
Omphale, reine des Lydiens,	133
Oracle; en quelles occasions on le consultoit principalement,	160
Oracles d'Apollon,	39
Comment on les rendoit,	40-41
Oréades, nymphes des montagnes,	87
Oreste, fils d'Agamemnon,	167
Et de Clytemnestre,	143
Est soustrait à la cruauté de sa mère,	183
Venge la mort de son père,	143-184
Est en proie aux Furies,	184
Enlève la statue de Diane,	186
Orgies, fêtes en l'honneur de Bacchus,	62

Origine de la Fable,	1
Des Romains,	79
Orion, changé en constellation,	84
Orphée; à quel titre il est placé au rang des demi-Dieux,	3
Va à la conquête de la Toison d'or,	147
Les prodiges qu'il opère avec sa lyre,	152-153
Il descend aux enfers pour y chercher Euridice,	153
Endort Cerbère,	101-153
Est mis en pièces par les Bacchantes,	154
Ossa, mont célèbre,	22-55
Othus, géant, fils d'Aloéus,	21
Oubli (fleuve d'),	100
Ourse (la grande et la petite), constellation,	27-167
Ouvrage de Pénélope,	189

P.

PAIX, honorée comme une divinité,	3
Fille de Jupiter et de Thémis,	111
Comment on la représente,	ibid.
Palais du Destin,	9
Du Soleil,	35
Du Sommeil,	110
Palamède invente les jeux de dés et d'échecs,	172
Palémon, Dieu des ports de mer, 92. *Voyez* Mélicerte.	
Palès, Déesse des bergers, etc.	108
Le rang qu'elle tenoit sur la terre,	3
Palladium, statue de Minerve,	77
D'Athènes,	ibid.
De Troie,	77-179

Palladium, est enlevé par Ulysse et Diomède, 77-78-179

Pallas, Déesse de la guerre, 73-76
  Emblême de la prudence militaire, 5
  Fait son présent à Pandore, 24
  Dispute le prix de la beauté, 69
  Aide Prométhée, 23
  Protège Cadmus, 155
  Comment on la représente, 76
  Voyez Minerve.

Pallante, frère d'Egée, 135
Pallantides, enfants de Pallante, *ibid.*
Pan, Dieu des bergers, 117
  Le rang qu'il tenoit sur la terre, 3
  Ses danses, 119
  Comment on le représente, 118
Pandore, fille des Dieux, 24-25
  Reçoit un présent de chacun d'eux, 24
  Emblême des maux qui affligent les hommes, 24-25

Panique (terreur), 118
Paon, consacré à Junon, 30
Paphos, 68
Páris, fils de Priam; sa naissance et son éducation, 174
  Juge les trois Déesses qui se disputoient la Pomme d'Or, 69
  Est reconnu par Hector, 174
  Haï de Junon, 31
  Enlève Hélène, 143
  Cause la guerre de Troie, 173
  Fait périr Achille, 178
  Est tué par Pyrrhus, 181

ET DES MATIÈRES.

Parnasse, montagne habitée par les Muses, 37
Parques, filles de l'Enfer et de la Nuit, 103
  Leur emploi, *ibid.*
  Elles donnent à Altée un flambeau auquel sont attachés les jours de Méléagre, 52
Pasiphaé, épouse de Minos, mère de Phèdre, 140
  Mère du Minotaure, 137
Passions, érigées en Divinités, 116
Patare, ville célèbre par les oracles d'Apollon, 39
Patras, ville consacrée à Diane, 53
Patrocle, ami d'Achille, 117
Pavots de Morphée, 110
Pégase, cheval ailé, 38
  Sa naissance, 76-124
  Fait saillir la fontaine Hippocrène, 38
  Est monté par Bellérophon, 145
  Est aux ordres des bons poëtes, 38
Pélée épouse Thétis, 68
  Est le père d'Achille, 169
Pélias, frère d'Eson, périt par l'artifice de Médée, 149
Pélion, montagne célèbre, 21-22-40
Pélops, fils de Tantale, 97
  Rendu à la vie, il épouse Hippodamie, 164
Pénates, Dieux domestiques, 121
Pénée, père de Daphné, 41
Pénélope, épouse d'Ulysse, mère de Télémaque, 193
Penthée, puni par Bacchus, 62
Père du jour, nom donné à Apollon, 34
Périphète, géant puni par Thésée, 136
Permesse, fontaine consacrée aux Muses, 38
Persée, fils de Jupiter et de Danaé, 25-123

Persée combat les Gorgones, 123
   Coupe la tête à Méduse, 38
   Délivre Andromède, 124
   Est changé en constellation, *ibid.*
   A quel titre il est mis au rang des demi-Dieux, 3
Pestes, divinités infernales, 98
Peupliers, 37
Phaéton, sa querelle avec Epaphus, 54
   Monte au palais du Soleil, 35
   Conduit le char de son père; est foudroyé par Jupiter, 36
   Les regrets que cause sa mort, *ibid.*
Phaétuse, sœur de Phaéton, *ibid.*
Phare d'Alexandrie, une des sept merveilles du monde, 56
Phébé, 49. *Voyez* Diane.
Phébus, nom d'Apollon, 33
   Le rang que le Ciel lui assigne, 82
Phèdre, épouse de Thésée, 140
Phidias, sculpteur très-célèbre, 55
Phlégéton, un des fleuves des enfers, 99-101
Phlégon, un des chevaux du Soleil, 34
Philoctète, ami d'Hercule, 134
Philomèle, changée en rossignol, 167
Philoné, épouse de Bellérophon, 145
Phocide, province de la Grèce, 39
Phorcys, père de Scylla, 90
Phryxus, fils d'Athamas, 83
   Enlève le bélier qui portoit la Toison d'or, 146
Picus, père du Dieu Faune, 118
Pie, pourquoi on immoloit cet oiseau à Bacchus, 61

Piérius, 37. *Voyez* Pinde.	
Pierre de touche,	65
Piété (la), honorée comme une divinité,	3
Pilade, ami d'Oreste,	185
Veut mourir en sa place,	*ibid.*
Pindare, poëte Grec, dont Alexandre honora la mémoire,	159
Pinde, montagne consacrée aux Muses,	37
Pirithoüs, ami de Thésée,	139
Reste aux enfers, où il étoit descendu pour enlever Proserpine,	140
Plaisirs, enfants de Vénus,	67
Planètes,	81
Platée, fille d'Asope,	29
Plistène, fils d'Atrée, père d'Agamemnon et de Ménélas,	167
Plota, mère de Tantale,	97
Pluie d'or,	25-123
Pluton, fils de Saturne et de Cybèle,	93
Mis au rang des Dieux,	2
Partage l'empire du monde avec ses frères,	20
Enlève Proserpine,	93
Rend Euridice à Orphée,	153
Son palais est gardé par Cerbère,	101
On le confond souvent avec Plutus,	106
Comment on le représente,	94
Plutus, Dieu des richesses,	106
Pô, fleuve d'Italie,	36
Poésie (la), ce qu'elle doit à la Fable,	5
Comment il convient d'en régler l'usage,	6
Poésie héroïque, la Déesse qui y préside,	44
Lyrique, la Déesse qui y préside,	47
Pastorale, la Déesse qui y préside,	*ibid.*

Poëtes, combien ils ont contribué à étendre et
à perfectionner la Fable, 3
Sont appelés Favoris et Nourrissons des Muses, 43
Montent le cheval Pégase, 38
Vont rêver, se promener dans le sacré Vallon,
et boire de l'eau d'Hippocrène, 38
Ils sont inspirés par Apollon, 37
Et par les Muses, 43
Poids, inventés par Mercure, 64
Poignard, de la Discorde, 115
De Melpomène, 45
Poissons, signes du Zodiaque, 84
Polinice, fils d'OEdipe, 161
Fait la guerre à son frère, 162
Et périt, 163
Poliphème, cyclope ; son aventure avec Ulysse, 187
Polixène, fille de Priam, promise en mariage
à Achille, 178
Est immolée sur le tombeau de ce héros, 181
Polixo fait pendre Hélène, 143
Pollux, fils de Jupiter et de Léda, 26-143
Partage son immortalité avec Castor ; à quelles
conditions, 143
Va reprendre sa sœur Hélène, 140
Est changé en astre, et placé au ciel avec son
frère, 144
A quel titre il est compté parmi les demi-
Dieux, 3
Pollux, un des signes du Zodiaque, 83
Polybe, roi de Corinthe, adopte OEdipe pour
son fils, 157
Polymnie, une des neuf Muses, 42-43-46

ET DES MATIÈRES.

Polymnie, comment on la représente,	46
Pomme d'or, jetée par la Discorde,	68
Prix de la beauté,	31-68
Pommes d'or du jardin des Hespérides,	129
Pomone, Déesse des fruits,	108
Le rang qu'elle tenoit sur la terre,	3
Porte d'ivoire et de corne pour les songes,	110
Prêtres d'Apollon,	40
Prêtresses d'Apollon,	ibid.
Prétus,	31
Priam, roi de la Troade,	174
Relève les murs de sa capitale,	ibid.
Est attaqué par les Grecs,	176-177
Redemande Hector à Achille,	178
Meurt de la main de Pyrrhus,	180
Printemps, Déesse qui préside à cette saison,	108
Fable qui désigne son retour,	89
Priape, fils de Vénus,	67
Dieu des jardins,	108
Comment on le représente,	109
Priviléges des Vestales,	19
Prix de la beauté,	69
Proetus, roi d'Argos,	145
Procuste, fameux brigand puni par Thésée,	136
Progné, changée en hirondelle,	167
Prométhée, imite Jupiter, et en est puni,	23
Il est délivré par Hercule,	129
Il avoit humanisé un peuple grossier,	191
Proserpine, fille de Cérès, est mise au rang des Dieux,	2
Est enlevée par Pluton,	93-94
Refuse de suivre sa mère,	94

Proserpine, Thésée et Pirithoüs entreprennent de l'enlever, 140
  On la confond souvent avec Hécate, 50
Prothée, fils de l'Océan, 87
  Ses différentes métamorphoses, 88
  Il prédit le malheur de Phaéton, 36
Psyché, persécutée par Vénus, 70
  Comment on la représente, 71
Ptérélaüs, roi de Télèbe, 125
  Meurt en perdant le cheveu d'or qu'il avoit sur la tête, *ibid.*
Pyramides d'Égypte, au nombre des merveilles du monde, 57
Pyroïs, un des chevaux du Soleil, 34
Pyrrhus, fils d'Achille, 171
  Arrive devant Troie, pour y venger la mort de son père, 179
  Fait périr Priam, 180
  Tue Pâris dans un combat singulier, 181
Pithon, serpent tué par Apollon, 39
Pithonisse, prêtresse d'Apollon ; pourquoi on l'appelle ainsi, *ibid.*

Q.

QUENOUILLE des Parques, 103
  D'Hercule, 133

R.

RAISON, emblême qui la représente, 74
Rémus, fils de Mars, 79
Renommée, son emploi ; comment on la représente, 112
  On l'appelle Déesse ou Nymphe aux cent voix, 7

ET DES MATIÈRES. 239

Rhadamanthe, un des Juges aux enfers, 102
Rhéa-Sylvia, mère de Romulus et de Rémus, 79
Rhécus, un des Titans, 60
Rhée, 18. Voyez *Cybèle*.
Rhétorique, la Déesse qui y préside, 46
Rhodes, île célèbre, 54
    Hélène s'y retire et y trouve la mort, 143
Ris, enfants de Vénus, 67
Rocher de Sisyphe, 97
Romains, comment ils relèvent la gloire de leur origine, 79
Rome, sa situation, 14
    Ses fondateurs, 79
    Est particulièrement consacré au Dieu Mars, *ibid.*
Romulus, fils de Mars, fondateur de Rome, *ibid.*
Rossignol, 167. Voyez *Philomèle*,
Roue de fortune, 113
    D'Ixion, 153
Rutules, peuple d'Italie, 191

S.

SABLIER, attribut du Temps, 13
Sacré Vallon, séjour d'Apollon et des Muses, 38
Sagesse, la Déesse qui y préside, 74
Sagittaire, un des signes du Zodiaque, 84
Samienne, nom donné à Junon, 29
Samos, retraite de Junon, *ibid.*
Sanglier de Calidon, 52
    D'Erimanthe, 127
    D'Etolie, 136
Satellites de Saturne et de Jupiter, 81
Saturne, fils du Ciel, 12
    Mis au rang des Dieux, 2

Saturne, la place que le Ciel lui assigne,	82
A quelle condition il obtient le droit d'aînesse,	12
La guerre qu'il déclare à son fils,	*ibid.*
Lui est funeste,	13
Il est remis sur le trône,	20
Son règne sur la terre fut l'âge d'or,	14-15
Comme il récompensa Janus,	14
Ce Dieu est un emblême du Temps,	191
Comment il est représenté,	13
Saturne, planète,	81
Satyre Marsias, puni par Apollon,	42
Satyres, divinités champêtres,	119
Sceptre de Junon, 32. De Polymnie,	46
De Neptune, 86. De Junon,	95
Sciences et *Beaux-Arts*, leur mère,	76
Scorpion, signe du Zodiaque,	83
Scylla, changée en monstre,	90
Gouffre voisin de la Sicile,	*ibid.*
Ulysse l'évite,	187
Scylla, divinités maritimes,	91
Ecueils fameux,	90
Scyros, île où Achille fut caché par sa mère,	170
Scyron, fameux brigand puni par Thésée,	136
Sémelé, mère de Bacchus,	58
Est réduite en cendres,	59
Sémiramis, reine d'Egypte,	57
Ce qui l'a rendue immortelle,	*ibid.*
Serment par le Styx,	100
Par Castor et Pollux,	144
Des princes grecs contre Troie,	174
Serpent, attribut du Temps,	13
De la Discorde,	115
Serpents, de Némésis, 114. Des Furies,	98

Serpents, de l'Envie,	114
Etouffés par Hercule,	126
Séparés par Mercure,	65
Autour de la tête de Méduse,	77
Siége de Troie ; on le forme,	176
Sigalion, nom donné au Silence,	110
Sigée, promontoire où l'on éleva un tombeau à Achille,	181
Signes du Zodiaque,	81-82-83
Silence, comment on le représente,	110
Silène, compagnon de Bacchus,	59
Son triomphe,	120
Sinnis, fameux brigand puni par Thésée,	136
Sinon trompe les Troyens,	179
Sisyphe, fameux brigand,	97-153
Sœurs d'Apollon, nom donné aux Muses,	43
Soie des Parques,	103
Soleil, adoré comme un Dieu,	1
Son char,	34
Soleil, planète,	81
Solymes, vaincus par Bellérophon,	145
Sommeil, père de Momus,	110
Description de son palais,	*ibid.*
Songes,	*ibid.*
Sophocle, poëte Grec,	163-164
Sort (le), divinité allégorique,	9
Sostrate, architecte célèbre,	56
Sphinx, propose son énigme : elle est devinée ; il se précipite dans la mer,	159
Comment on le représente,	158
Statue de Bélus,	1
De Diane,	53

Statue de Jupiter Olympien, une des merveilles du monde,	55
Sténobée, mère des Prétides,	31
Sténobée, reine d'Argos, épouse de Proetus,	145
Sténone, une des Gorgones,	123
Sténélé, mère de Patrocle,	177
Stymphale, lac fameux,	128
Styx, fleuve des enfers,	99-100
Achille y est plongé, et devient invulnérable,	169
Sylvain, Dieu des forêts,	118
Sylvains, divinités champêtres,	119
Syrènes, divinités maritimes,	88-89
Syrtes, écueils,	6
Syrinx, nymphe changée en roseaux,	117

T.

Table *des Dieux*,	27
Tantale, un des ancêtres d'Agamemnon,	164
Son crime et son supplice,	97-164
Il représente les avares,	192
Tartare, séjour des méchants après leur mort,	95-98
Taureau dont Jupiter prit la forme,	28-83
Des campagnes de Marathon,	136
Tué par Hercule,	129
Taureau, un des signes du Zodiaque,	83
Taureaux, qui gardoient la Toison d'or,	146-147-148
Tauride, on y sacrifioit à Diane tous les étrangers,	53-185
Télamon, père d'Ajax,	172
Télegone tue Ulysse,	190
Télémaque, fils d'Ulysse,	171
Son père lui cède ses états,	190

Temps (le), divinité allégorique : il est le même que Saturne,	13
Est soumis au Destin ;	11
Comment on le représente,	13
Temple du Destin,	10
De Jupiter Olympien,	55
De Janus, 14. De Cupidon,	71-72
De Minerve,	77
De Delphes ; les Gaulois veulent le piller,	118
Temples d'Apollon,	39-40
De Diane, 54. De Venus,	68
Ténare, 95. Voyez *Tartare*.	
Ténédos, île célèbre par les oracles d'Apollon,	39
Les Grecs s'y retirent pour tromper les Troyens,	179
Térée, changée en épervier,	167
Termes, Dieux domestiques,	121
Terpsichore, une des neuf Muses,	42-43-49
Comment on la représente,	49
Terre (la), confondue dans le chaos,	8
Les Dieux qui y tenoient le premier rang,	2
Terreur panique, origine de ce proverbe,	118
Tête de Méduse,	123
Teucer, roi de Troie,	174
Thalie, une des neuf Muses,	42-45
Comment on la représente,	45
Thalie, une des trois Grâces,	69
Thèbes, bâtie par Cadmus,	155
Et par Amphion,	156
Elle est renversée par Alexandre-le-Grand,	156
Désolée par un monstre,	158
Par la famine et la peste,	160

Thèbes, désolée par une guerre sanglante, 160
Cette ville est célèbre dans l'Histoire poétique, 3
Thémis, Déesse de la Justice, 111
Guide les magistrats, 4
Comment, on la représente, 111
Thémistho, épouse Athamas, 91
Trompée par Ino, elle tue ses enfants, 92
Thermodon, fleuve célèbre, 128
Thésée, sa naissance et son éducation, 134
Il marche sur les pas d'Hercule, 135
Tue le Minautore, et sort du Labyrinthe, 138
Gagne l'amitié de Pirithoüs, qui devient le compagnon de ses exploits, 139
Tue Sisyphe, 97
Descend aux enfers, 140
Perd son fils Hippolyte, *ibid.*
Et meurt à Athènes, 142
A quel titre il est mis au rang des demi-Dieux, 3
Thessalie, fameuse par la guerre des Titans contre Jupiter, 20-22
Est ravagée par la peste, 131
Thétys, épouse de l'Océan, 87
Ses noces, 68
Mère d'Achille, 168-169
Thoas, roi de Tauride, immole les étrangers à Diane, 185
Périt sous les coups d'Oreste et de Pilade, 186
Thoosa, mère de Poliphême, 187
Thrace (la), contrée sous la protection de Mars, 79
Thracia, fille de Mars, *ibid.*
Throne du Destin, 10

POÉTIQUE.

Thyeste, enlève Erope, 165
    Atrée s'en venge par une perfidie, 165
Thyrse de Bacchus, sa description, 61
Thyrses des Bacchantes, 62
    Des Sylvains, 119
Tisiphone, une des Furies, 98
    Emblême de la frayeur, 5
Tisiphones, divinités infernales, 104
Titan, fils du Ciel, 12
    Ses enfants, 20
    Cède son droit d'aînesse à Saturne, 12
    Déclare la guerre à Saturne, 13
Titans, font la guerre à Jupiter, 21-22
    Leur défaite, 13-60
Tityus, géant, son supplice aux enfers, 96
Toison d'or, un bélier la portoit, 83
    Les Argonautes en font la conquête, 146-147-148
    Son enlèvement est célèbre dans l'Histoire poétique, 3
Tonnerre, Jupiter s'en rend le maître, 22
Tour d'airain qui renfermoit Danaé, 25
Tragédie, la Déesse qui y préside, 42-45
Travaux d'Hercule, 127-128-129-130
Trépied sacré, 39
    Servoit à rendre les oracles, 40
Trident, sceptre de Neptune, 86
Triple Hécate, nom donné à Diane, 59
Tritons, fils et gardes de Neptune, 86
    Le rang qu'ils tenoient parmi les Dieux, 3
    Comment on les représente, 86
Troade, sa position, 174
Troie, ville célèbre dans l'Histoire poétique, 3

Troie est bâtie par Neptune, 85
  Et Apollon, 34
  Les Grecs y arrivent avec leur flotte, 176
  — en forment le siége, *ibid.*
  Durée de ce siége, 181
  Combien il fut meurtrier, 80
  Quelles furent les causes de cette guerre, 31-143
  La ville est mise à feu et à sang; 181
Trompette de Calliope, 44
  De Clio, 48. De la Renommée, 112
  Des Tritons, 86
Tros, roi de Troie, 26-173-174
Troyens, leurs chefs pendant la guerre contre les Grecs, 172
Turnus combat contre Enée, et périt, 191
Tyndare, époux de Léda, 26-142
Tyndarides, 26-142. Voyez *Castor et Pollux*.
Typhé,
Tiphoé, } géants d'une taille énorme, 21
Typhon, } ensevelis sous le mont Ethna, 22
Typhus, }
Typhon fait fuir Vénus et Cupidon, 84

U.

ULYSSE, fils de Laërte, veut se dispenser d'aller au siége de Troie, 171
  Se déguise en marchand pour reconnoître Achille, 170
  Dispute les armes d'Achille, 162
  Enlève le Palladium, 78-179
  Erre pendant dix ans sur toutes les mers, 189
  Est bien reçu d'Eole, qui lui donne des vents, 89-90

Ulysse évite les piéges des Syrènes,	90
Est toujours guidé par Minerve,	74
Echappe à mille dangers par la protection de cette Déesse,	187-188-189
Arrive enfin à Ithaque,	190
Tombe sous les coups de son fils Télégone,	*ibid.*
Uranie, une des neuf Muses,	42-48
Comment on la représente,	48
Urne qui renferme le sort des hommes,	9
Des trois Juges aux enfers,	102

V.

VALLON (*Sacré*), séjour d'Apollon et des Muses,	38
Vautour de Prométhée,	23
Tué par Hercule,	130
De Tityus,	96
Vendange, quel en est l'inventeur,	61
Vengeance, Déesse qui y préside,	113
Vents, soumis à l'empire d'Eole,	88
Comment on les représente,	89
Vénus, son origine,	66
Emblême de la beauté,	5
Emblême des qualités aimables,	*ibid.*
Elle est mise au rang des Dieux,	2
Fait son présent à Pandore,	24
Epouse Vulcain,	67
Dispute le prix de la beauté, et l'emporte,	69
Persécute Psyché, et la fait mourir,	70
Prête sa ceinture à Junon,	67-68
Remplit de flèches le carquois de Cupidon,	73
Est blessée au siége de Troie,	172
Quels furent ses Temples,	68

Vénus, quel culte on lui rendoit,	68
Comment on la représente,	*ibid.*
Vénus, planète.	81
Vérité, honorée comme une divinité,	3
Cachée sous les portraits de la Fable,	4
Verseau, un des signes du Zodiaque,	84
Vertumne, Dieu de l'Automne,	108
Vertus, érigées en divinités,	6-116
On leur rang les honneurs divins,	3
Vesta, la même que Cybèle,	18-19
On lui consacre à Rome un feu perpétuel,	19
Vestales,	*ibid.*
Vices, érigés en divinités,	116
On leur rend les honneurs divins,	3
Victoire de Jupiter,	22-56
Vie des hommes, filée par les Parques,	105
Vierge (la), un des signes du Zodiaque,	83
Vin, le Dieu qui y préside,	61
Vœux adressés aux Parques,	103
Voie lactée,	127
Voile trempé dans le sang du centaure Nessus,	133
Voleurs, Mercure en étoit le Dieu,	64
Vulcain, fils de Junon, précipité du ciel par Jupiter,	29
Est le Dieu du feu, forge les foudres de Jupiter,	72-73
Fabrique Pandore,	24
Enchaîne Prométhée sur le mont Caucase,	23
Surprend Mars et Vénus,	79
Comment on le représente,	73

Z.

Zéphire, époux de Flore,	108
Porte Vénus dans l'île de Cypre,	66
Zétus, fils de Jupiter et d'Antiope,	25
Zodiaque,	81
Ses douze Signes,	83-84

FIN DE LA TABLE DES MATIÈRES.

CHEZ LE MÊME LIBRAIRE.

Connoissance de la Mythologie, par demandes et par réponses, *in-*12.

Dictionnaire abrégé de la Fable, par Chompré, *in-*18.

Etudes convenables aux Demoiselles ; Grammaire, Poésie, Géographie, Histoire, Arithmétique, etc., 2 vol. *in-*12.

Histoire de Henri-le-Grand, par Hardouin de Peréfixe, *in-*12, portrait, 1816.

Abrégé de la Fable, à l'usage des élèves de l'Ecole militaire, *in-*12, 1816.

Abrégé de l'Histoire ancienne, grecque, suivie de l'histoire de la fable, à l'usage de l'Ecole militaire, *in-*12.

Abrégé de l'Histoire de France, à l'usage de l'Ecole militaire, continuée jusqu'à ce jour, 2 vol. *in-*12, 1816.

Abrégé de l'Histoire Romaine, à l'usage de l'Ecole militaire, *in-*12.

Abrégé (nouvel) des Géographies de Nicolle de la Croix, Crozat et Lenglet-Dufresnoy, par demandes et par réponses, précédé d'un Traité sur la Sphère ; nouvelle édition revue, corrigée d'après les Actes du Congrès de Vienne, les Traités de Paris de 1814, 1815, et autres ; à l'usage des Commençants, par un Professeur de Géographie, *in-12*, *orné de neuf cartes nouvellement gravées.* Mappemonde. — Europe. — Asie. — Afrique. — Amérique méridionale. — Amérique septentrionale. — France. — Italie. — Allemagne. 1817.

Atlas et Tables élémentaires de Géographie ancienne et moderne, destinés à l'éducation de la jeunesse, et indispensables pour tous ceux qui s'occupent de Géographie, ou qui l'enseignent. Ouvrage enrichi de trente-deux cartes enluminées, dont vingt-une propres à la partie géographique moderne de cet Atlas, et servant à la comparaison des anciennes divisions avec les nouvelles, de la France en Départements, Préfectures et Sous-Préfectures ; trois, pour l'intelligence de l'Ecriture Sainte, dont une représentant le Temple de Jérusalem ; quatre, pour le monde connu des anciens et la division de l'empire Romain ; et quatre enfin, pour l'intelligence des OEuvres d'Horace et de Virgile : le tout suivi d'un Vocabulaire Géographique, donnant l'explication de tous les termes nécessaires à l'étude de cette science ; et d'une Table de matières, *in-8°*.

(Cet Atlas est, depuis son origine, adopté dans les Ecoles militaires, Colléges, Séminaires, etc.)

Géographie universelle, *dite* de Crozat, avec un Abrégé de la Sphère, une Table des longitudes et latitudes des principales villes du monde, etc., et une Table alphabétique des noms des villes ; nouvelle et dernière édition, revue, corrigée, d'après les Actes du Congrès de Vienne, les Traités de Paris de 1814 et 1815, et autres ; par un professeur de Géographie ; ornée de dix-sept cartes géographiques enluminées, gravées d'après les derniers Traités : Mappemonde. — Europe. — France par Départements, et pays adjacents. — France, en 1789, par Gouvernements. — Royaume des Pays-Bas. — Italie. — Espagne et Portugal. — Allemagne. — Iles Britanniques. — Suède et Norvège. — Russie européenne. — Turquie européenne. — Asie. — Hongrie et Turquie d'Asie. — Afrique. — Amérique septentrionale. — Amérique méridionale, *in*-12 ; 1817.

Géographie moderne universelle, précédée d'un petit Traité de la Sphère et du globe, ornée de traits d'Histoire naturelle et politique, d'une Géographie sacrée, d'une Géographie ecclésiastique, où l'on trouve tous les Archevêchés et Evêchés de l'Eglise catholique, et les principaux des Eglises schismatiques ; avec une Table des longitudes et latitudes des principales villes du monde, par Nicolle de la Croix ; nouvelle édition, revue, et corrigée d'après les Actes du Congrès de Vienne, les Traités de Paris de 1814 et 1815, et autres; par un Professeur de Géographie; ornée de dix-sept cartes géographiques enluminées, gravées d'après les derniers Traités, etc. : Mappemonde.— Europe.—France par Départements, et pays adjacents. — France, en 1789, par Gouvernements. — Royaume des Pays-Bas. — Italie. — Espagne et Portugal. — Allemagne. — Iles Britanniques. — Suède et Norvège. — Russie européenne. — Turquie européenne. — Asie. — Hongrie et Turquie d'Asie. — Afrique. — Amérique septentrionale.—Amérique méridionale. 2 gros vol. *in*-12. 1817.

Géographie de Virgile, *ou* Notice des lieux dont il est parlé dans les Ouvrages de ce Poëte, accompagnée d'un carte géographique; par M. Helliez, *in*-12.

Géographie ancienne, abrégée, par Danville, avec les neuf cartes nécessaires pour en faciliter l'intelligence, 3 vol. *in*-12.

Géographie universelle, en vers artificiels, avec des explications, par Buffier, *in*-12, avec cartes.

www.ingramcontent.com/pod-product-compliance
Lightning Source LLC
Chambersburg PA
CBHW062235180426
43200CB00035B/1781